Godspower Ekuobase

Construir uma solução escalável de serviços Web

Godspower Ekuobase

Construir uma solução escalável de serviços Web

ScienciaScripts

Imprint

Cover image: www.ingimage.com

This book is a translation from the original published under ISBN 978-3-659-27319-3.

Publisher:
Sciencia Scripts
is a trademark of
Dodo Books Indian Ocean Ltd. and OmniScriptum S.R.L publishing group

120 High Road, East Finchley, London, N2 9ED, United Kingdom
Str. Armeneasca 28/1, office 1, Chisinau MD-2012, Republic of Moldova, Europe
Printed at: see last page
ISBN: 978-620-8-16066-1

ÍNDICE

RESUMO 2

CAPÍTULO 1 3

CAPÍTULO 2 14

CAPÍTULO 3 31

CAPÍTULO 4 58

CAPÍTULO 5 100

REFERÊNCIAS 103

RESUMO

A nova ambição de tornar os computadores perfeitamente interoperáveis numa comunidade dinâmica e heterogénea desencadeou a corrida aos serviços Web por parte da comunidade informática. Esta corrida pode conduzir-nos a uma situação de caos se não resolvermos a questão da fraca escalabilidade dos serviços Web.

Examinámos a tecnologia para desvendar a(s) causa(s) da sua fraca escalabilidade e descobrir a chave para a melhorar. O suporte do serviço Web para replicação foi identificado como uma dessas chaves. Examinámos os esquemas de replicação disponíveis com vista a determinar o mais adequado para o serviço Web. O esquema de replicação de três níveis parece ter-se destacado. Explorámos a possibilidade de fazer com que o serviço Web suporte este esquema de replicação no lado do servidor, mantendo a transparência da aplicação do consumidor. Isto culminou na nossa proposta de Arquitetura Orientada para a Replicação (ROA) para a construção de soluções de serviços Web. A viabilidade da arquitetura proposta foi estabelecida utilizando a plataforma Java. Para o efeito, desenvolvemos dez soluções de serviços Web diferentes para o mesmo problema, mas com um número diferente de réplicas, utilizando a plataforma Java. O problema foi selecionado para testar a arquitetura no seu pior cenário. Submetemos estes sistemas a testes de desempenho sob diferentes tensões de carga, em comparação com o sistema construído segundo a abordagem convencional, utilizando o mesmo problema e a mesma plataforma.

Os dados resultantes do teste de desempenho de carga mostraram que o ROA pode melhorar a escalabilidade do serviço Web em cerca de 32%. Este desempenho de escalabilidade é garantido em 90% das vezes.

CAPÍTULO 1

INTRODUÇÃO

O problema da integração e da interoperabilidade de sistemas heterogéneos não só constitui uma ameaça à globalização, como também corrói o valor que se obtém das tecnologias da informação (TI) à medida que os investimentos em TI aumentam (Williams, 2003; Weerawarana et al., 2005). Este problema é ainda reforçado pelo facto de:

> Mudanças contínuas na estrutura organizacional em resultado de reestruturação interna, expansão, fusão, aquisição, depressão, colaboração ou externalização;

> O influxo contínuo de novas e melhores tecnologias;

> Mudanças contínuas nos requisitos de serviço dos clientes; e

> Variação da sensibilidade temporal da informação esperada por sistemas em interação.

Atualmente, 60% do custo das TI é absorvido pelos esforços destinados a tornar os computadores perfeitamente interoperáveis (Williams, 2003) e algumas empresas retiram menos benefícios das TI, mesmo quando aumentam as suas despesas com elas, devido ao problema da interoperabilidade (Weerawarana et al., 2005).

No entanto, há alguma esperança, uma vez que os serviços Web prometem fornecer uma solução sem paralelo para este problema (Bichler e Lin, 2006; Weerawarana et al., 2005, Birman, 2005a; Hogg et al., 2004; Chung et al., 2003; Vawter e Roman, 2001). Com as suas promessas que incluem:

> Redução do esforço de integração de aplicações intra e inter-empresas.

> Permissão de acesso heterogéneo.

> Flexibilidade e reutilização de componentes de software.

> Capacidade de implantação evolutiva e incremental, sem necessidade de alterar as infra-estruturas e aplicações actuais.

> Extensibilidade da funcionalidade existente.

> Facilidade relativa e baixo custo de adoção.

> Uniformidade na descrição, descoberta e acesso a serviços numa rede.

É óbvio que o serviço Web é a tecnologia de plataforma omnipresente para os sistemas de computação da próxima geração e, por conseguinte, não pode evitar a implantação maciça que se lhe depara. Poderá o serviço Web sobreviver a esta implantação sem precedentes?

Esta questão é particularmente interessante, tendo em conta o facto de que a própria tecnologia mais promissora se tornará o calcanhar de Aquiles dos sistemas da futura geração, se não conseguir sobreviver à implantação em grande escala (Birman et al., 2001). Além disso, a Web, atormentada por limitações semelhantes às dos serviços Web, como a segurança, a fiabilidade, a garantia de resposta e a autoadministração (Birman, 2005a), não só sobreviveu como continuou a ser um brinde da Broadway durante mais de duas décadas, porque é escalável (Krummenacher et al., 2005), ou seja, mantém um desempenho constante, ou lentamente degradado, à medida que a sua dimensão aumenta ou à medida que a sua base de clientes cresce.

O serviço Web também poderia sobreviver a uma implantação sem precedentes como a Web, se fosse escalável. Infelizmente, o serviço Web é inerentemente pouco escalável (Birman, 2005a; Birman, 2006; Ciganek et al. 2006). Por conseguinte, não está preparado para a implantação maciça que as suas promessas irão atrair. Esta evolução torna-se mais preocupante quando observamos que, dos 50 grupos de trabalho do World Wide Web Consortium - www.w3.org, nenhum está a tratar das caraterísticas de escalabilidade em falta no serviço Web (Birman, 2005a). Assim sendo, os criadores de aplicações terão de usar o tato e a habilidade para atenuar o defeito de escalabilidade inerente ao serviço Web. Estamos prontos a lançar esta base para permitir que os programadores de aplicações criem soluções de serviços Web que sejam escaláveis.

1.1. Objetivo da investigação

T objetivo deste trabalho é propor uma arquitetura do lado do servidor para construir uma solução de serviços Web escalável.

1.2. Objetivo da investigação

O objetivo desta investigação é o seguinte

> expor a(s) causa(s) da fraca escalabilidade dos serviços Web.

> propõem uma estrutura arquitetónica para a construção de soluções de serviços Web que melhora significativamente a escalabilidade dos serviços Web.

> estabelecer a possibilidade de aplicação deste quadro.

> autenticar a escalabilidade da arquitetura proposta.

1.3. Âmbito da investigação

Esta investigação limita-se a (1) uma solução de serviços Web de pequena a média dimensão, que é suficiente para demonstrar a viabilidade e a escalabilidade da arquitetura proposta, (2) pedidos de serviços de consumidores gerados por máquinas controladas e (3) não tentará justificar a superioridade interoperável dos serviços Web em relação a tecnologias rivais, que, evidentemente, não são objeto de qualquer contestação.

1.4. Metodologia de investigação

Tendo em conta o objetivo definido para esta investigação, foi adoptada a metodologia de investigação da Análise e Conceção de Sistemas (SAD) e, tal como em qualquer outro domínio da informática, a SAD é normalmente conduzida utilizando três entidades básicas - pessoas, ferramentas e processos. Estas entidades são discutidas de seguida:

1.4.1. Pessoas: sendo uma investigação puramente tecnológica, as pessoas envolvidas são basicamente consultores que consultámos sobre algumas questões críticas, para obter as suas conclusões, opiniões ou esclarecimentos. Incluem profissionais de informática de dentro e fora do meio académico e de todo o mundo. Estes peritos foram consultados sobre a natureza e a capacidade de sobrevivência dos serviços Web, bem como sobre o sentido da arquitetura proposta. Estas consultas foram efectuadas sob a forma de revisão da literatura, entrevistas por contacto direto, conversação em linha, troca de mensagens electrónicas e fóruns em linha. No entanto, é difícil dizer com precisão qual foi a contribuição de quem e quando, exceto no que diz respeito à literatura.

1.4.2. Ferramentas: basicamente, as ferramentas utilizadas na investigação foram ferramentas de software e hardware. Estas ferramentas e os papéis que desempenharam na investigação são destacados a seguir:

Ferramentas de hardware: as ferramentas desta categoria não são mais do que o computador e os seus periféricos. O computador foi utilizado não só para desenvolver o projeto de teste, mas também para testar a carga dos sistemas resultantes em termos de comportamento de escalabilidade. Serve igualmente para alojar as ferramentas de software utilizadas nesta investigação. Em particular, a propriedade dos sistemas do computador é a seguinte:

> Classificação - Caderno de notas

> Fabricante - Dell

> Modelo - INSPIRON 6400

> Configuração - CPU Intel® T2080 genuína a 1,73GHz x 2 (ou seja, Duo Core); 794MHz, 2,0GB de RAM e 150GB de disco rígido.

Uma configuração de sistemas inferior pode não ser adequada à enorme dimensão e natureza da nossa plataforma de desenvolvimento, bem como aos elevados requisitos de recursos computacionais para executar as nossas aplicações e testar o seu desempenho.

Ferramentas de software: optamos por discutir as ferramentas de software em Sistema operativo, Plataforma de desenvolvimento, Linguagem, Ambiente de desenvolvimento integrado (IDE) e Pacotes.

- **Sistema operativo:** Optámos pelo Microsoft Windows XP Professional Versão 2002 Service Pack 2, que funciona perfeitamente com as outras ferramentas de software utilizadas na investigação e para o qual a nossa instituição possui uma licença multiutilizador. O sistema operativo permitiu que as nossas aplicações e outras ferramentas de software utilizadas interagissem com a máquina e explorassem os seus recursos computacionais e periféricos.

- **Plataforma de desenvolvimento:** A escolha de Java EE (Jendrock et al, 2006) como plataforma de desenvolvimento para a construção das várias soluções de serviços Web não se deve apenas ao facto de estarmos inclinados para esta plataforma devido à nossa experiência prévia confortável em programação Java, mas também porque, atualmente, as plataformas Java EE e Microsoft .NET continuam a ser as plataformas de desenvolvimento de aplicações mais dominantes para aplicações empresariais em geral e soluções de serviços Web em particular (Birman, 2005b; Williams, 2003; Vawter e Roman, 2001), mas a plataforma Microsoft .NET é proprietária.

- **Linguagem:** Neste caso, referimo-nos à linguagem de programação, à linguagem de modelização e ao sistema de gestão de bases de dados (SGBD). Obviamente, a nossa linguagem de programação principal de implementação é Java 5.0 (van der Linden, 2004; Horstmann e Cornell, 2005a, 2005b; Deitel e Deitel, 2007), uma vez que é a única linguagem suportada pela nossa plataforma de escolha. A linguagem Java foi utilizada para a codificação. Foi adoptada a Structured Query Language (SQL), que é a linguagem de facto para interagir com os SGBD. A nossa escolha do Apache Derby como SGBD para construir e gerir as bases de dados baseou-se na compatibilidade perfeita com Java e NetBeans - o nosso ambiente de desenvolvimento integrado de eleição. A Linguagem de Modelação Unificada (UML) foi utilizada para a conceção, mas não sem algumas modificações, uma vez que a análise e a conceção orientadas para os objectos, que a UML representa, não abrangem o conceito de orientação para os serviços, que exige elementos adicionais para a sua concretização (Zimmermann et al, 2004; Arsanjani, 2004).

❖ **Ambiente de desenvolvimento integrado (IDE):** Temos vários IDEs que suportam Java. Eles incluem o JBuilder, o JCreator, o Eclipse e o NetBeans. Escolhemos o NetBeans (NetBeans 6.0) por uma questão de familiaridade, embora não seja de forma alguma menos poderoso do que os outros. Normalmente, o IDE torna a programação fácil, ágil e interessante.

❖ **Pacotes:** foram utilizados os seguintes pacotes de software. Argo UML (Ramirez et al, 2006; Tolke e Klink, 2006) - para o desenho UML, Apache JMeter (http://jakarta.apache.org/) - geração de pedidos, teste de carga da aplicação de serviços Web e captura de dados úteis como tempo de resposta e taxa de transferência, que são vitais para esta investigação, e Microsoft Excel - para manipulação de dados, cálculo e elaboração de relatórios em formato gráfico. Adicionámos o Apache JMeter como plug-in ao NetBeans, para facilitar a sua utilização com o IDE. Não é trivial mencionar que o Microsoft Word foi utilizado para modelar as arquitecturas propostas e outras estruturas da investigação.

1.4.3. Processo

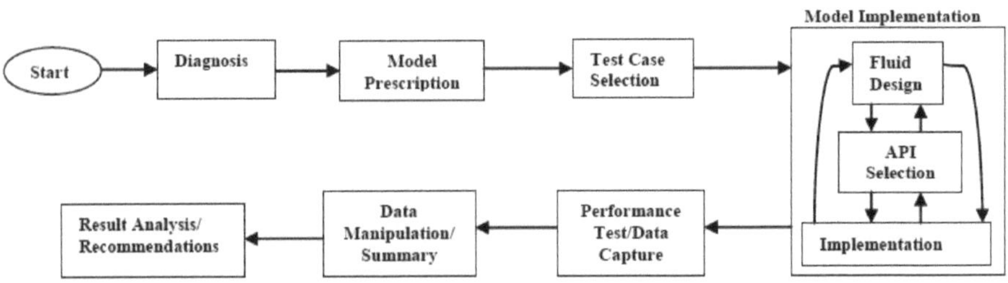

Figura 1: Processo de investigação de soluções escaláveis de serviços Web

A figura 1.1. mostra um processo de investigação do SAD adaptado e é destacado da seguinte forma: A fase de diagnóstico marcou o início da investigação. Para o efeito, consultámos peritos sob a forma de revisão da literatura. O diagnóstico é que a replicação e, em particular, o esquema de replicação de terceiros é a chave para atenuar a fraca escalabilidade dos serviços Web.

O resultado foi a prescrição de três modelos - a lógica de replicação de terceiros, a arquitetura orientada para a replicação do lado do servidor (ROA) para a criação de uma solução de serviços Web baseada na lógica de replicação de terceiros e uma estrutura B^+ para a identificação e publicação de serviços Web, o que facilitou a implementação da ROA. Neste caso, também nos baseámos em consultas, mas desta vez fizemos consultas mais diretas através de correio eletrónico, debates, fóruns em linha e conversas.

Na fase seguinte, selecionámos um problema de teste que foi utilizado para demonstrar não só a exequibilidade da arquitetura proposta, mas também a sua viabilidade. Este problema de teste foi cuidadosamente selecionado para testar a arquitetura proposta no seu ponto fraco.

Seguiu-se a fase de implementação, que se baseou na metodologia de desenvolvimento de software ágil. Verificámos que a metodologia ágil é a mais adequada para o projeto. Esta fase permitiu realizar onze soluções de serviços Web construídas sobre APIs apropriadas da plataforma Java, utilizando o NetBeans 6.0. Dez destas soluções foram construídas utilizando o equivalente Java da arquitetura proposta (também um artefacto realizado nesta fase), diferindo cada uma delas no número de réplicas de pontos finais entre um e dez, enquanto a restante foi construída utilizando a abordagem convencional.

Em seguida, submetemos estas aplicações a um teste de desempenho com cargas variáveis (tamanho da amostra) que vão de um a 2000 pedidos por cinco segundos, utilizando o Apache JMeter. Foram recolhidos os dados resultantes do débito e do tempo de resposta de cada uma das aplicações. Em seguida, introduzimos estes dados no Microsoft Excel para manipulação adequada e cálculo da escalabilidade, transformando os nossos resultados em informações gráficas significativas para interpretação. Os dados de escalabilidade foram também objeto de análise e interpretação estatística.

Em particular, verificámos a importância da escalabilidade da solução de serviços Web criada utilizando a ROA em relação à solução criada utilizando a abordagem convencional. Uma vez que as duas classes de soluções de serviços Web foram criadas com base no mesmo problema e nas mesmas plataformas, mas com abordagens de desenvolvimento diferentes, a distribuição t de Student para a diferença de duas médias foi considerada mais adequada e adoptada. As amostras x e y são a degradação do desempenho a taxas de pedido variáveis, mas crescentes, para as soluções convencional e ROA, respetivamente. Sejam x e y normalmente distribuídos com médias μ_x e μ_y , e variâncias σ_x e σ_y , respetivamente. O problema consiste em decidir se a utilização da ROA melhora ou não a escalabilidade da solução de serviços Web.

Consequentemente, testaremos a hipótese $H_0 : \mu_x = \mu_y$ (não há significado de escalabilidade entre os sistemas convencional e ROA), $H_1: \mu_x > \mu_y$ (sistema convencional significativamente escalável) e $H_2 : \mu_x < \mu_y$ (sistema ROA significativamente escalável); uma vez que a escalabilidade consiste em minimizar a degradação do desempenho com o aumento dos pedidos.

1.5. Restrições à investigação

Esta investigação foi, sem dúvida, condicionada pela novidade dos serviços Web e pelo facto de a literatura e as ferramentas serem limitadas.

Natureza dos serviços Web: Os serviços Web, sendo uma nova tecnologia de plataforma cuja conceção não pode ser rastreada até qualquer momento antes deste século, ainda estão na sua era de entusiasmo. Consequentemente, pouco se sabe e se publica sobre a sua utilização e comportamento na vida real, sobretudo em grande escala. Daí a abordagem única desta investigação.

Literaturas: Pode ser difícil de acreditar, mas muito pouco foi publicado sobre a escalabilidade da tecnologia de plataformas de sistemas distribuídos em geral e dos serviços Web em particular. Por exemplo, tivemos acesso a algumas das bibliotecas digitais de computação mais poderosas do mundo, como a da Association of Computing Machinery (ACM) e a da IEEE Computer Society, mas muito pouca literatura disponível nessas bibliotecas estava relacionada com esta investigação.

Ferramentas: Sem dúvida que a nossa ferramenta de teste de carga - Apache JMeter - não pode dar um resultado perfeito em comparação com um cenário real, mas infelizmente um teste de desempenho real não é viável no contexto da investigação. O nosso resultado é apenas experimental e, por conseguinte, uma aproximação da realidade.

1.6. Contribuição para o conhecimento

Apesar dos constrangimentos, a investigação foi bem sucedida e conseguimos fazer avançar os conhecimentos das seguintes formas

> Os serviços Web foram concebidos para suportar a replicação, conforme ilustrado na Figura 3.1; após uma série de considerações de conceção e implementação, foi proposta uma arquitetura orientada para a replicação (ROA) para a criação de soluções de serviços Web (Figura 3.2).

> Foi prescrita uma estrutura B^+ (Figura 3.3) para a identificação e publicação de serviços Web. Esta estrutura assegura que os serviços são fracamente acoplados e coerentes com a estrutura organizacional. Garante a atomicidade dos serviços, uma caraterística básica da ROA, e facilita a identificação, inserção, eliminação ou redistribuição de serviços numa organização.

> Foi também desenvolvida uma estrutura de implementação para o ROA, ilustrada na Figura 4.13.

> A viabilidade da ROA foi suficientemente demonstrada utilizando a plataforma Java.

> Foi desenvolvida uma definição formal de escalabilidade, ou seja, se $| S_{ij} - S_{ij+1} | < \xi$ para todo j, então dizemos que a solução i é escalável. Onde £ é a tolerância à degradação do utilizador e S_{ij} a força de processamento por unidade de pedido da solução i para o tamanho

da instância de pedido j. A unidade de S_{ij} é $(ms)^{-2}$ e ξ deve ser significativamente insignificante e variará normalmente de um domínio de serviço para outro.

> A arquitetura que propomos - ROA - pode melhorar a escalabilidade da solução de serviços Web criada utilizando a abordagem convencional em cerca de 32%. Este desempenho de escalabilidade é garantido em 90% das vezes.

> Também apontámos áreas em que pensamos que o ROA pode ser melhorado.

1.7. Layout da tese

C capítulo 1 apresenta o principal problema que a tese aborda, por que razão deve ser abordado, como o fizemos, os recursos utilizados e as suas funções. Também dá uma ideia da razão pela qual a tese deve ser aceite na sua forma e abordagem únicas, e expõe os contributos da tese para a sobrevivência dos serviços Web.

C capítulo 2explica o conceito de Serviços Web e expõe o seu funcionamento. Os leitores familiarizados com a tecnologia de Serviços Web podem saltar este capítulo.

C capítulo 3 analisa a literatura relevante com o objetivo de identificar a(s) causa(s) da fraca escalabilidade dos serviços Web; e como a sua incapacidade de suportar a replicação foi considerada um problema de raiz, os esquemas de replicação existentes foram examinados para descobrir o mais adequado para os serviços Web. O esquema de replicação de três níveis de Baldoni et al (2002) foi considerado o mais adequado e adaptado aos serviços Web, resultando na nossa proposta de lógica de replicação de terceiros para serviços Web (WSTPRL). Ainda neste capítulo, identificámos e examinámos questões críticas de conceção, implementação e manutenção da WSTPRL, que culminaram na segunda, mas principal, arquitetura proposta pela tese - a Arquitetura Orientada para a Replicação (ROA) para a criação de uma solução de serviços Web. A ROA consiste basicamente na WSTPRL e num conjunto não vazio de réplicas de serviços atómicos. A terceira e última arquitetura proposta é uma Estrutura de Serviços Web B^+ que ajudará na identificação, organização e publicação de serviços atómicos numa determinada organização, utilizando a filosofia da estrutura organizacional. Ainda neste capítulo, identificámos um projeto de teste suficiente para avaliar a escalabilidade da arquitetura ROA proposta em relação à abordagem convencional, explicámos por que razão os projectos de software devem ser construídos utilizando a metodologia de desenvolvimento de software ágil e expusemos os componentes de software que foram desenvolvidos na tese.

C capítulo 4 contém a especificação dos requisitos, a conceção e as motivações de implementação dos vários componentes de software. É digna de nota a estrutura de implementação Java proposta para o ROA, que nos permitiu criar soluções de serviços Web com base na estrutura ROA, utilizando a tecnologia Java. Também contém os relatórios da experiência para avaliar a escalabilidade relativa das soluções de serviços Web construídas com base na arquitetura proposta em relação à abordagem convencional, os dados empíricos resultantes e as respectivas análises e interpretações gráficas e estatísticas. Também está contido aqui o modo como a definição matemática de escalabilidade foi realizada.

No capítulo 5, apresentamos as conclusões e as recomendações adequadas.

CAPÍTULO 2

REVISÃO DA LITERATURA

Podemos considerar um serviço Web como uma entidade de software acessível pela Internet, com um identificador uniforme de recursos (URI) único, que fornece funcionalidades proporcionadas por aplicações e processos de domínio. É um sistema de software concebido para suportar a interação interoperável máquina-máquina através de uma rede. Tem uma interface descrita num formato processável por máquina e interage com outro sistema com base nessa descrição através de mensagens transmitidas por normas abertas, incluindo Hyper Text Transfer Protocol - HTTP, eXtensible Mark-up Language - XML, Simple Object Access Protocol - SOAP, Web Services Description Language - WSDL e Universal Description, Discovery and Integration - UDDI. Os pormenores destas normas encontram-se em Chavda (2003), Birman (2005b) e Weerawarana et al (2005). Os serviços Web servem assim de blocos de construção para a criação de sistemas distribuídos abertos. Na sua forma mais simples, os sistemas de serviços Web são constituídos por três componentes, como ilustrado na figura 2.1: Soap Router, Backend Processes e documento WSDL (Birman, 2005b).

Os serviços Web são a mais recente abordagem à computação orientada para os serviços (SOC), uma forma avançada de desenvolvimento de aplicações Web, um subdomínio da computação distribuída e o motor tecnológico de uma disciplina emergente - a ciência dos serviços. Outras abordagens da SOC incluem o Object Management Group - Common Object Request Broker Architecture, ou seja, OMG CORBA ou CORBA para abreviar (Baker, 1997; Baker et al., 1997; Coulouris et al., 2001), o Microsoft Distributed Component Object Model, ou seja, DCOM (Microsoft Corp., 1997; Baker et al., 1997), e a Java Remote Method Invocation, ou seja, Java RMI (Coulouris et al., 2001; Farley, 1998). No entanto, estas outras abordagens não oferecem a interoperabilidade, a flexibilidade e o carácter generalizado que os serviços Web oferecem (Chung et al., 2003).

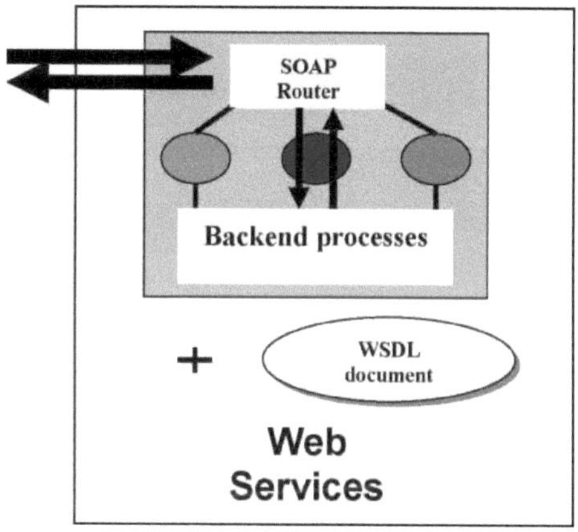

Figura 2.1: Componente básico dos serviços Web (Birman, 2005b).

2.1. A origem dos serviços Web

A ideia de agrupar o software em produtos de software que tenham um contexto, uma utilização e uma aplicabilidade mais vastos do que uma única aplicação tem merecido muita atenção desde os primórdios da informática (Raccoon, 1997) e, na última década, evoluiu de forma bastante significativa.

Uma das primeiras tentativas de decomposição de software centrou-se na decomposição funcional que resultou em funções ou sub-rotinas como grânulos de software individuais. Estes grânulos de software oferecem uma funcionalidade coerente que pode ser facilmente compreendida e construída. Esta decomposição em funções permite a modularização dos sistemas de software. No entanto, esta abordagem conduz frequentemente a uma simplificação parcial que apenas pode resolver problemas simples. O valor acrescentado surge com as agregações de funções relacionadas, designadas por pacotes, que ajudam a resolver tarefas mais complexas associadas a um domínio problemático específico.

Um pacote é uma unidade sintáctica. Para melhorar e alargar ainda mais este conceito, desenvolveu-se a noção de classe. Uma classe descreve o comportamento de objectos de um domínio problemático; por conseguinte, comporta uma certa semântica, para além de ser uma unidade sintáctica que combina funções e dados. As classes, juntamente com o conceito de polimorfismo e herança, revelaram-se um conceito poderoso para a construção de software. O polimorfismo permite que o software resultante se torne mais flexível, enquanto que através da herança podem ser construídas redes de classes que estimulam a reutilização e facilitam a comunicação entre os programadores de uma determinada comunidade.

Embora as classes representem objectos e tenham alguma semântica, uma grelha de classes capta sobretudo a sintaxe, por exemplo, a assinatura das funções agregadas. A semântica que uma grelha de classes capta é normalmente compreendida apenas por uma comunidade limitada, como a equipa de desenvolvimento. Em contraste, os serviços Web são descritos não só através das suas interfaces, mas também através de termos do domínio. Assim, a semântica que uma descrição de um serviço Web fornece vai para além da de uma grelha de classes. Como tal, os serviços Web permitem a compreensão por grande parte da comunidade.

Depois dos objectos e das classes, vieram os componentes de software. Os componentes de software, para além de serem mais grosseiros do que os objectos e as classes, têm capacidade de implantação. Abordar a questão da implantação permite que um fornecedor de componentes se concentre especificamente na lógica da aplicação, enquanto as qualidades dos serviços são integradas pelo ambiente de tempo de execução que aloja o componente. Assim, os requisitos de qualidade do serviço são facturados e parametrizados por descritores de implantação. Lidar com esses aspectos da implantação facilita a personalização. É possível adaptar uma parte da lógica de aplicação ao uso específico de uma empresa, definindo valores nos descritores de implantação de acordo. O contêiner que hospeda a lógica do aplicativo interpreta o descritor de implantação e garante o comportamento especificado. Para um contexto personalizado que a lógica de aplicação exige, o descritor de implantação fornece o contrato padronizado. Os descritores de implantação permitem que os componentes se tornem artefactos comercializáveis.

Os serviços Web representam mais um passo em frente na evolução da agregação de software. Trata-se de uma agregação de componentes de software que pode fornecer uma abstração de modelos de componentes específicos, permitindo que os utilizadores desses componentes pensem apenas em termos de serviços e ignorem os pormenores específicos do modelo de componente e a forma como este é implementado. Isto proporciona uma interoperabilidade significativamente melhorada entre plataformas informáticas que têm modelos de programação baseados nos diferentes modelos de componentes, como Java EE e .NET.

Os serviços Web nasceram na segunda metade do ano 2000 com a introdução da primeira versão do sistema de mensagens XML - SOAP, WSDL 1.1, e uma versão inicial do UDDI como registo de serviços; desde então, têm recebido uma atenção considerável tanto da indústria como da comunidade de software e, embora ainda em processo de crescimento, têm sido utilizados para resolver problemas complexos da vida real (Weerawarana et al., 2005; Chung et al., 2003).

2.2 O conceito de serviço

Na nossa vida quotidiana, podemos apontar muitas metáforas às quais podemos associar o conceito de serviço. Entre elas, podemos citar serviços públicos como água, gás, telefone ou eletricidade, além de serviços de cartão de crédito, transportes, agência de viagens, supervisão de investigação, avaliação de teses, mensagens instantâneas, fornecedores de serviços Internet, motores de busca na Web, etc. Vemos que os serviços são actividades que produzem valor ao fornecer soluções para os problemas dos clientes ou para os pedidos dos clientes. Estes serviços representam uma espécie de pacote publicitado de funcionalidades e são normalmente compostáveis. Por exemplo, uma agência de viagens utiliza serviços de transporte (companhia aérea e aluguer de automóveis) e serviços bancários ou de cartão de crédito. Os serviços podem ser descobertos com base nas suas descrições, termos e condições de utilização, etc., com base em metadados que descrevem completamente o serviço. A utilização efectiva de um serviço baseia-se frequentemente num contrato acordado com o prestador, incluindo o que é fornecido em pormenor e qual a qualidade dos serviços associados, como a disponibilidade, o custo e outras condições específicas que regem a sua utilização. Em geral, o utilizador do serviço necessita de pouco ou nenhum conhecimento sobre as especificidades da forma como o serviço é implementado ou como é prestado.

2.3 O conceito de solução de serviços Web

Um serviço Web está disponível num determinado ponto final da rede e recebe e envia mensagens e apresenta um comportamento de acordo com a sua especificação. O serviço tem uma funcionalidade específica e é implementado com a qualidade de serviço adequada no ponto de extremidade. Os aspectos funcionais de um serviço Web são especificados através de WSDL e as restrições e condições associadas à utilização do serviço são especificadas através de políticas que podem ser anexadas a várias partes do WSDL. As interfaces e as políticas descrevem os termos e condições que regem a utilização do serviço. Estas são publicadas para que os potenciais utilizadores do serviço possam descobrir e receber toda a informação de que necessitam para se ligarem (talvez dinamicamente) a esse serviço.

As informações publicadas sobre um serviço Web fornecem pormenores sobre o que o serviço é e faz (a sua semântica). Além disso, fornece todas as informações que permitem ao ambiente que aloja um potencial utilizador aceder ao serviço e interagir com ele com êxito. Embora o ambiente que aloja o serviço necessite destas informações, o requerente não precisa deste tipo de informações de acesso e, certamente, não precisa de compreender pormenores sobre a implementação do serviço. O ambiente que aloja o serviço e recebe a mensagem de pedido, frequentemente designado por contentor, tem de lidar com os pormenores necessários para interagir com uma determinada implementação. O requerente pode pensar em termos de utilização de um serviço Web. Nesse sentido, a tecnologia de serviços Web é uma tecnologia de virtualização para a utilização de serviços Web, mas um implementador de um serviço Web pode utilizar a tecnologia que conhece para criar a implementação do serviço. O desenvolvimento e a implementação de serviços Web não requerem uma plataforma tecnológica (componente) subjacente específica (Williams, 2003).

É possível criar novos serviços Web a partir de serviços existentes sem abandonar o paradigma dos serviços. Uma tecnologia chamada coreografia facilita a composição e a orquestração da execução de serviços Web existentes para criar serviços mais poderosos. A coreografia especifica quais os serviços de software a utilizar, em que ordem e em que condições. Os Web Services dentro da coreografia correspondem a uma atividade, um tipo de etapa bem identificada num determinado processo. É possível definir a coreografia como um serviço Web e incorporá-lo como uma atividade dentro da coreografia. A coreografia utiliza os serviços Web e apresenta os resultados novamente como serviços Web. Por conseguinte, a coreografia pode servir de base para outras coreografias, juntamente com serviços que tenham sido implementados com base noutras tecnologias. Assim, a coreografia fornece uma tecnologia poderosa para a composição recursiva de serviços Web. A coleção de serviços Web e a coreografia que os utiliza para resolver um determinado problema é designada por solução de serviços Web.

De um modo geral, verificamos que os serviços Web são funcionalidades de software extremo-a-extremo bem definidas que devem satisfazer as seguintes caraterísticas

- Publicável
- Descobríveis
- Acessível
- Entrega
- Consumíveis

> Compo sable

2.4 Computação orientada para os serviços (SOC)

O principal objetivo do SOC é tornar uma coleção de serviços (componentes) acessível através de protocolos normalizados, cuja funcionalidade pode ser automaticamente descoberta e integrada em aplicações ou composta para formar serviços mais complexos (Bichler e Lin, 2006). Assim, o SOC preocupa-se com o acoplamento flexível e a ligação dinâmica entre serviços. O estilo arquitetónico que suporta a SOC - a arquitetura orientada para os serviços (SOA) - é ilustrado na Figura 2.2.

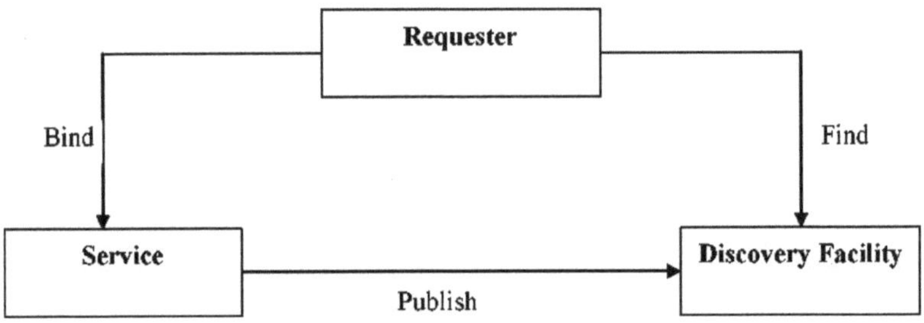

Figura 2.2: O triângulo SOA (Weerawarana et al., 2005).

A partir da Figura 2.2, vemos que o SOC exige que seja fornecida uma definição abstrata do serviço, com todos os detalhes necessários, para permitir que qualquer pessoa (sistema) que queira utilizar o serviço se ligue, ou seja, interaja com o serviço. Além disso, os fornecedores de serviços têm de publicar os pormenores dos seus serviços para que aqueles que os queiram utilizar possam compreender com muita precisão o que fazem e possam obter as informações necessárias para interagir com eles. Por último, é imperativo que aqueles que necessitam de serviços tenham uma forma de encontrar os serviços disponíveis que melhor satisfazem as suas necessidades. Para que tudo isto funcione eficazmente, devem ser definidas normas que regulem a forma como os serviços são concebidos, publicados, descobertos e comunicados, bem como um conjunto básico de protocolos de qualidade de serviço (QoS) (Curbera et al., 2003).

A tecnologia dos serviços Web está no centro deste paradigma informático, pelo menos pelas seguintes razões:

- Independente de qualquer modelo de programação de componentes
- Uniformidade na descrição dos serviços
- Apoio a normas abertas
- Acoplamento flexível
- Multiplataforma
- Transparência
- Abertura

Este conjunto de atributos foi considerado incompleto nas tecnologias rivais - CORBA, DCOM e Java RMI (ver Chung et al., 2003; Birman, 2005b; Weerawarana et al., 2005). É de admirar que as tecnologias rivais não consigam oferecer a flexibilidade e a abrangência que os serviços Web oferecem.

2.4.1 Estrutura de implementação do SOC

O processo de implementação (seleção e ligação) do SOC é normalmente efectuado utilizando um middleware denominado barramento de serviços, que ajuda a simplificar o processo, que de outro modo seria fastidioso, e a torná-lo mais transparente. O lugar do barramento de serviços no paradigma da computação de serviços é mostrado na Figura 2.3.

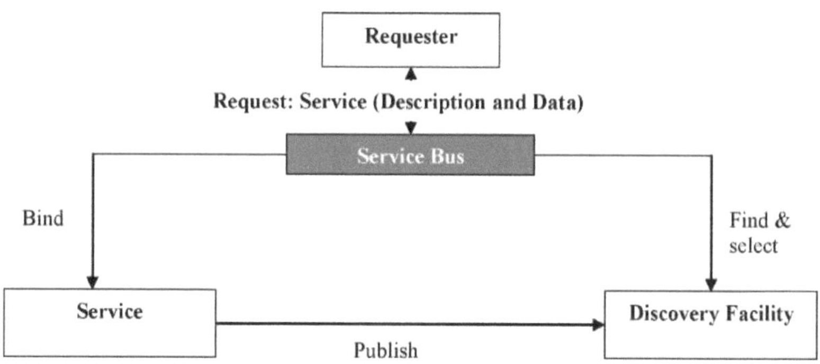

Figura 2.3: O papel do barramento de serviços em SOA (Weerawarana et al., 2005).

Vemos que o barramento de serviços é um middleware orientado para os serviços que virtualiza as caraterísticas funcionais e não funcionais dos serviços candidatos no SOC, na perspetiva do requisitante. A Figura 2.4 mostra a estrutura arquitetónica do barramento de serviços, frequentemente designada por pilha SOA. A pilha SOA é constituída por seis camadas: camadas de transporte, de mensagens, de descrição, de QoS, de componentes e de descoberta.

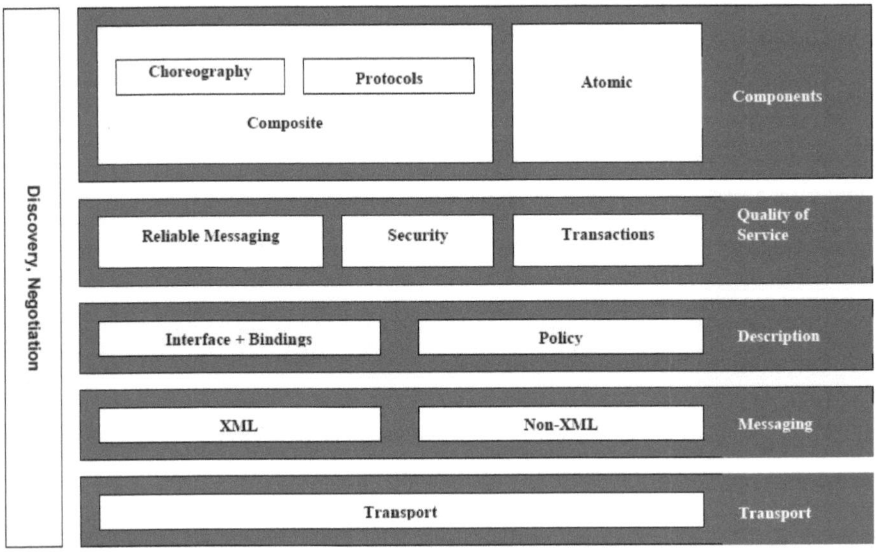

Figura 2.4: A pilha SOA (Weerawarana et al., 2005)

A camada de transporte é responsável pelas capacidades do barramento para lidar com vários protocolos de transporte na comunicação entre um serviço e um requerente. É o nível mais baixo.

A camada de mensagens, a camada imediatamente acima da camada de transporte, permite ao barramento tratar mensagens, mensagens XML no caso de comunicação entre diferentes plataformas de componentes ou mensagens não XML no caso de comunicação entre a mesma plataforma de componentes.

A camada de descrição, imediatamente acima da camada de mensagens, facilita e trata da descrição dos serviços em termos de funções suportadas, da sua QoS e dos mecanismos de ligação suportados.

A camada de qualidade do serviço contém a especificação das várias qualidades das políticas de serviço que o barramento aplica. Esta camada trata da segurança, fiabilidade, transação e outros aspectos da QoS.

A camada de componentes é a camada mais elevada e representa os vários tipos de componentes virtuais que os serviços Web representam. O serviço Web pode ser atómico ou composto.

A camada de descoberta é transversal às outras camadas, fornecendo funcionalidades para a descoberta de serviços e suas descrições e para acordar um modo de interação entre um requerente e um serviço candidato.

2.4.2 Arquitetura de serviços Web

Os serviços Web são uma concretização do barramento de serviços. Apresentámos a arquitetura dos serviços Web (figura 2.5) para ajudar os leitores a apreciar melhor esta realização, por exemplo, é fácil ver na figura 2.5 que a especificação WSDL realiza o segmento Interface+Vinculação da pilha SOA da figura 2.4.

Os serviços Web são uma coleção de especificações ou normas (WS-*), que ultrapassam as 150 (Weerawarana et al., 2005). Francamente, podemos implementar e consumir serviços Web sem o conhecimento destas miríades de especificações WS-* (Birman, 2005b; Jendrock et al., 2006; Hansen, 2007). Atualmente, estão disponíveis conjuntos de ferramentas em plataformas de linguagens de programação como Java EE e .NET para a programação de serviços Web. Em qualquer caso, é imperativo que os arquitectos, designers e programadores de sistemas de serviços Web compreendam em pormenor o funcionamento dos serviços Web. Este é o foco da próxima secção.

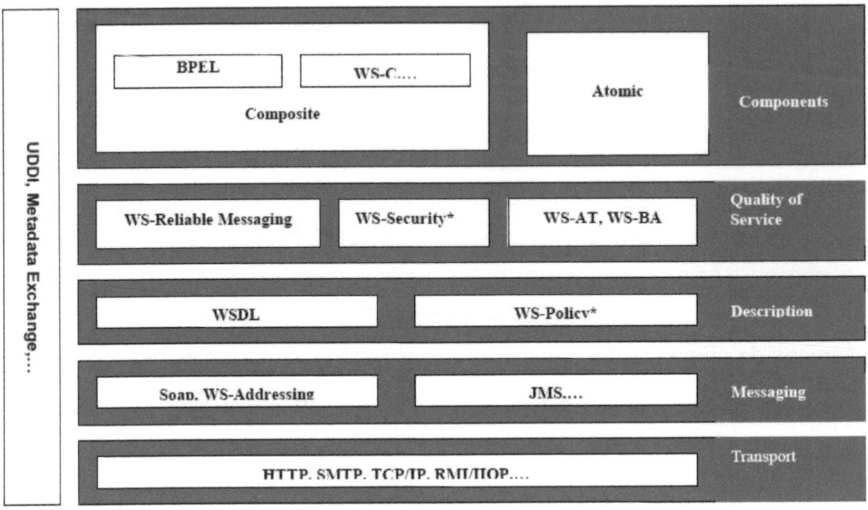

Figura 2.5: Arquitetura dos serviços Web (Weerawarana et al., 2005)

2.5 Como funcionam os serviços Web

Para apreciar corretamente os mecanismos comportamentais dos serviços Web, optámos por ilustrar a utilização de uma solução de serviços Web para o processamento de transcrições de alunos na Universidade de Benin, na Nigéria. A solução de serviço é modelada de acordo com a forma tradicional de processamento de transcrições na Universidade, utilizando UML modificada (ver Capítulo 4). Este processo comercial está dividido nas seguintes etapas, conforme indicado na figura 2.6.

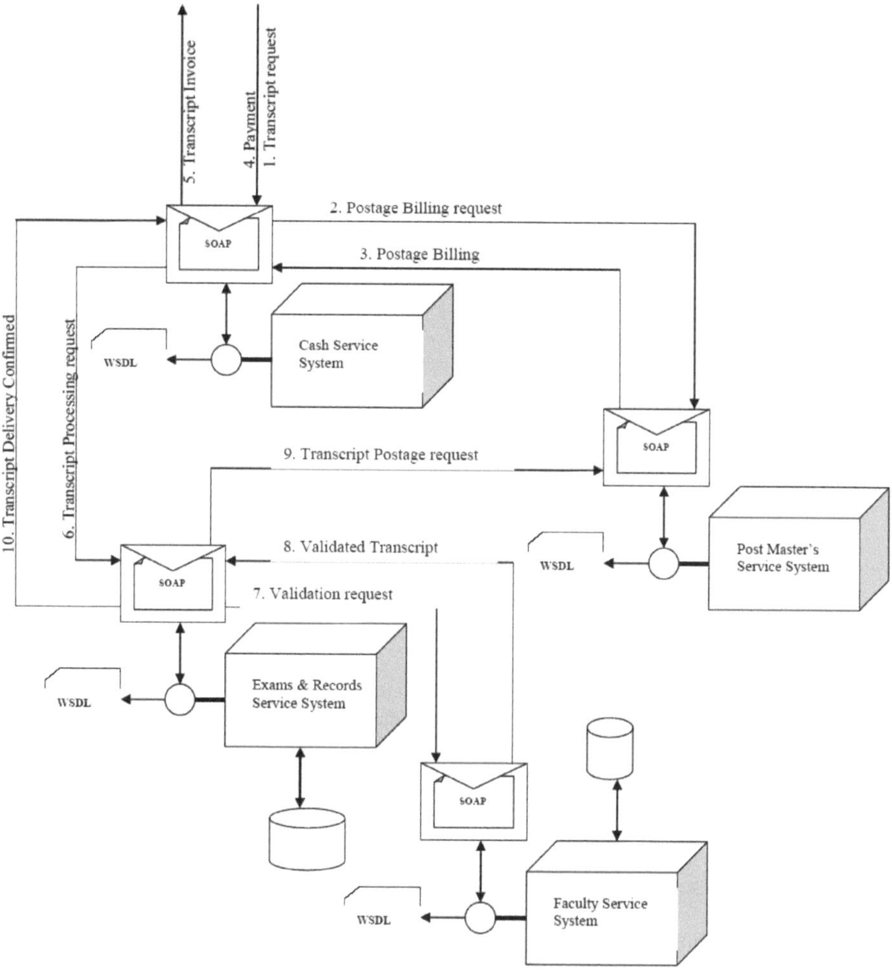

Figura 2.6: Processo de emissão de transcrições da universidade utilizando SOA

2.5.1 Processo de emissão do certificado de habilitações da Universidade

1. Nome, número de matrícula (MN), sessão de graduação (GS), grau (DG), nome do beneficiário (BN), endereço do beneficiário (BA) e modo de entrega (MD), por exemplo, normal ou expresso.

2. O sistema de caixa envia os alunos MN, BA e MD para os sistemas Post-Master para faturação dos portes.

3. O sistema Post-Master fatura adequadamente ao estudante com base no BA e MD, e devolve ao sistema de caixa o MN, BA do estudante, juntamente com a respectiva taxa de envio e data de entrega prevista.

4. O aluno efectua o pagamento adequado na caixa.

5. O sistema de caixa emite uma fatura ao aluno com um número único (TN), os dados do aluno e a data de entrega prevista.

6. O sistema de caixa envia os estudantes TN, MN, GS, DG, BN e BA para o sistema ExamRecord para processamento posterior do certificado de habilitações.

7. A transcrição é gerada e enviada para o sistema adequado da faculdade para validação.

8. O sistema dos docentes valida, autoriza e transmite a transcrição validada ao sistema Exam-Record.

9. O sistema Exam-Record prepara a transcrição final e informa o sistema Post-Master de que a transcrição está pronta para ser enviada.

10. O agente Post Master embala e despacha a transcrição. O Exam-Record confirma a entrega da transcrição e envia a mensagem adequada ao sistema de caixa. O sistema de caixa credita a conta do Post-Master de forma adequada.

Cada um destes sistemas pode ser e é modelado como um serviço Web. Estes serviços Web e a sequência de execução acima enumerada para a sua interação definem uma solução de serviços Web. Do ponto de vista do programador de aplicações, cada um destes serviços Web num determinado momento de execução está a consumir (um cliente) ou a prestar serviços (um servidor); para tal, entram em jogo três mecanismos - invocação, serialização e implementação.

2.5.2 Invocação

Existem mecanismos de invocação tanto no lado do servidor como no lado do cliente. No lado do servidor, o mecanismo de invocação é responsável por:

Invocação do lado do servidor

> Receber uma mensagem SOAP de um transporte (por exemplo, HTTP)

> Invocação de manipuladores que pré-processam a mensagem

> Determinar o serviço de destino da mensagem - por outras palavras, qual a operação WSDL que a mensagem se destina a invocar

> Dada a operação WSDL de destino, determinar qual a classe/método de linguagem a invocar. Esta ação é normalmente designada por despacho.

> Entrega da mensagem SOAP ao subsistema de serialização para a desserializar em objectos de linguagem que podem ser passados para o destino da linguagem como parâmetros

> Invocar o alvo linguístico (método) utilizando o parâmetro gerado pelo subsistema de serialização e obter o objeto linguístico devolvido pelo método alvo

> Entrega do objeto devolvido ao subsistema de serialização para o serializar num elemento XML em conformidade com a mensagem de retorno especificada pela operação WSDL de destino

> Envolver o elemento XML devolvido como uma resposta de mensagem SOAP em conformidade com a operação WSDL de destino

> Devolução da resposta SOAP ao transporte para entrega

Em cada fase deste processo, o subsistema de invocação trata as excepções. Quando ocorre uma exceção, o subsistema de invocação tem frequentemente de a empacotar como uma mensagem de falha SOAP a devolver ao cliente.

Do lado do cliente, o processo de invocação é semelhante, especialmente se quiser invocar um serviço Web utilizando uma interface de linguagem. É mais fácil construir uma mensagem SOAP a partir de XML e transmiti-la ao serviço Web. Por outro lado, se o cliente estiver a trabalhar com objectos de linguagem, o subsistema de invocação do cliente é responsável por:

Invocação do lado do cliente

> Criação de uma instância do ponto de extremidade do serviço Web que implementa uma interface de linguagem designada por interface do ponto de extremidade do serviço (SEI). Normalmente, as instâncias SEI são implementadas utilizando proxies de linguagem e manipuladores de invocação.

> Tratamento de uma invocação das instâncias SEI

> Pegar nos parâmetros passados ao SEI e passá-los ao subsistema de serialização para serem serializados em elementos XML que estejam em conformidade com o esquema XML especificado pelo WSDL do serviço de destino

> Com base no WSDL do serviço de destino, o elemento de parâmetros é incluído na mensagem SOAP

> Invocação de manipuladores que pós-processam a mensagem com base na QoS ou noutros requisitos

> Entrega da mensagem SOAP ao transporte para entrega ao serviço Web de destino

> Receber a resposta da mensagem SOAP do transporte

> Entrega da mensagem SOAP ao subsistema de serialização para a desserializar num objeto de linguagem que é uma instância da classe especificada pelo tipo de retorno do SEI

> Concluir a invocação do SEI devolvendo a resposta SOAP desserializada

Em geral, a invocação do lado do cliente é o inverso da invocação do lado do servidor.

2.5.3 Serialização

A serialização é o processo de transformação e mapeamento de uma instância de uma classe de linguagem num elemento XML. O processo inverso, transformando um elemento

XML numa instância de uma classe de linguagem, é designado por desserialização. Referimo-nos frequentemente a ambos os processos simplesmente como "serialização". Para efetuar esta transformação, o subsistema de serialização necessita de um conjunto de estratégias de mapeamento que lhe indiquem como implementar os mapeamentos de tipos.

Uma estratégia de mapeamento associa uma classe de linguagem, o seu tipo de esquema XML de destino e uma descrição de um serializador (ou deserializador) que pode transformar instâncias da classe em instâncias do tipo de esquema (ou vice-versa). Um contexto de serialização é um conjunto de estratégias de mapeamento que podem ser utilizadas pelo subsistema de serialização para implementar os mapeamentos de tipos utilizados por uma determinada implantação de serviço Web. Diferentes plataformas de serviços Web possuem mecanismos diferentes para especificar as estratégias de mapeamento que compõem um contexto de serialização. Alguns desses mecanismos são (Hansen, 2007):

> Ligação normalizada: Os mapeamentos são predefinidos por uma ligação normalizada das classes de língua ao esquema XML. Cada classe de língua tem uma representação única como um esquema XML.

> Anotações no código-fonte: Aqui, as anotações no código-fonte de uma classe da linguagem de destino modificam a ligação padrão para especificar como a classe mapeia os componentes do esquema XML e como a descrição WSDL do serviço Web é moldada.

> Algorítmico: Aqui, os mapeamentos são incorporados nos algoritmos executados pelo subsistema de serialização

> Baseado em regras: Os mapeamentos são especificados como regras que podem ser criadas e editadas independentemente do subsistema de serialização. As regras são interpretadas pelo subsistema de serialização.

2.5.4 Implantação

O subsistema de implantação fornece as ferramentas para configurar um destino linguístico de modo a que possa ser invocado como serviço Web através de mensagens SOAP. As suas responsabilidades são as seguintes (Hansen, 2007):

> Implementar o(s) alvo(s) linguístico(s), ou seja, torná-lo(s) disponível(eis) para invocação

> Mapeamento da(s) operação(ões) WSDL para o(s) objetivo(s) linguístico(s). Trata-se de configurar a plataforma de serviços Web de modo a que o subsistema de invocação possa associar corretamente uma mensagem SOAP de entrada ao seu destino linguístico

> Definição de um contexto de serialização.

> Publicação do WSDL. O subsistema de implantação associa um alvo linguístico ao documento WSDL que contém a operação WSDL a que está vinculado. Este documento é disponibilizado aos clientes do serviço Web como um URL ou de outra forma, por exemplo, num registo UDDI.

> Configuração dos manipuladores SOAP necessários para fornecer QoS para a pré ou pós-invocação do objetivo linguístico.

> Configuração de um ouvinte de ponto de extremidade no URI especificado pela porta WSDL.

Estes mecanismos comportamentais - invocação, serialização e implantação - distinguem de forma única os serviços Web de outras aplicações baseadas na Web; e embora estes mecanismos sejam actividades complexas, são normalmente tratados nos bastidores pelas várias plataformas de desenvolvimento de serviços Web, como Java EE e .NET, sem grande esforço por parte do criador ou do consumidor do serviço.

CAPÍTULO 3

ANÁLISE DE SISTEMAS E CONCEPÇÃO DE ARQUITECTURAS

De um modo geral, pouco se sabe sobre o escalonamento de sistemas distribuídos fiáveis e, em particular, a escalabilidade dos serviços Web, tal como outros atributos de fiabilidade, não tem merecido a atenção desejada (Birman, 2005b). Este facto pode explicar a escassez de literatura neste domínio específico. No entanto, observamos que a fraca escalabilidade dos serviços Web é mais induzida internamente do que externamente. Medjahed et al. (2003) identificaram a própria tecnologia ou normas (XML, SOAP e UDDI) em que assentam os serviços Web como uma ameaça à escalabilidade dos serviços Web. Entendemos que a XML fornece o formato interoperável para descrever o conteúdo das mensagens entre serviços Web e é a linguagem de base em que são definidas as especificações dos serviços Web. No entanto, sendo uma linguagem etiquetada, aumenta o volume de informação a trocar entre serviços Web, sobrecarregando assim a rede, especialmente no caso de serviços de grande escala, o que compromete a escalabilidade dos serviços Web (Medjahed et al., 2003). O "veículo" dos serviços Web não escapou ao martelo de Medjahed (2003) e da sua equipa: o protocolo SOAP (Simple Object Access Protocol) foi acusado de ser capaz de penalizar a escalabilidade dos serviços Web devido à sobrecarga de processamento das mensagens SOAP, nomeadamente no caso de tipos de dados complexos. A manutenção da consistência do registo UDDI (Universal Description, Discovery, and Integration) é outra ameaça à escalabilidade dos serviços Web que a equipa de Medjahed (2003) revelou.

Outra causa interna deste problema de escalabilidade dos serviços Web é o paradigma de troca de mensagens em que se baseia. Krummenacher et al. (2005) afirmaram que, se não houver uma mudança de paradigma do paradigma de troca de mensagens para a publicação persistente, a escalabilidade dos serviços Web continuará a ser fraca. Destacaram o modo como o paradigma da publicação persistente pode ser incorporado nos serviços Web e propuseram uma arquitetura mínima, a que chamaram Triple Space Computing (TSC), para o concretizar. Ainda sobre a(s) causa(s) interna(s), Birman (2004, 2005a) e Birman et al. (2004) identificaram como problema a falta de caraterísticas críticas de escalabilidade nos serviços Web. Argumentaram que caraterísticas como (i) replicação, (ii) garantia de resposta em tempo real, (iii) serviços de ciclo de vida, (iv) equilibradores de carga e (v) tecnologia de gestão automática (de estado) (que inclui a deteção de falhas), críticas para a sua implantação em grande escala, carecem seriamente de serviços Web. Birman (2005a) lamentou ainda a ignorância deste facto por parte do World Wide Web Consortium (W3C). Para resolver adequadamente este problema numa plataforma tão incompleta (como Birman lhe chamou), Birman (2005a, 2005b) refutou a necessidade de qualquer norma adicional à que existe atualmente, tendo antes defendido uma solução não normalizada - uma nova metodologia adequada para suportar uma arquitetura de centro de dados escalável. Birman defendeu o serviço particionado estruturado em matrizes fiáveis (RAPS) de servidores agrupados estruturados em matrizes fiáveis (RACS) proposto por Jim Gray, vencedor do prémio Turing da ACM em 1994, para a criação de sistemas moduláveis.

Quanto à(s) causa(s) externa(s), Birman (2006) acusou o "fracasso do mercado". Nas suas palavras, "...o mercado não está disposto a pagar o prémio por este tipo de soluções...". Este facto, na sua opinião, paralisou tanto a vontade como o esforço no sentido de uma solução escalável de serviços Web. Anteriormente, Birman et al. (2004) consideraram que o aumento das falhas de sistema induzidas externamente e as interrupções de rede eram obstáculos à escalabilidade dos serviços Web. No mesmo trabalho, propuseram uma extensão da arquitetura dos serviços Web, de modo a torná-la capaz de eliminar estas ameaças de desempenho e fiabilidade (escalabilidade) relacionadas com a grande escala. Já não estão a agarrar-se firmemente a esta extensão (ver Birman 2005a, 2005b).

Outro problema que suscita confusão é o da verdadeira natureza dos serviços Web. Alguns vêem-nos como objectos distribuídos (Birman, 2004, 2005b; Weerawarana et al., 2005), enquanto outros não os abordam como tal (Krummenacher et al., 2003) e outros não pensam que sejam objectos distribuídos (Vogels, 2003). A forma como o vemos é fundamental para a sobrevivência da tecnologia (Birman, 2004). Birman (2004, 2005b) sugere que a vejamos como ela é - como objectos distribuídos - e que abordemos os seus defeitos de fiabilidade (que incluem a escalabilidade) em vez de a abordarmos como ela parece ser - uma tecnologia assíncrona em cadeia para a troca de mensagens (documentos) entre o cliente e o serviço back-end numa arquitetura cliente-servidor ou de base de dados de três camadas. Abordar os serviços Web como objectos não distribuídos significa um desastre, uma vez que o mercado quer, precisa e espera objectos distribuídos, diz Birman (2004). Mas qual é a causa ou causas principais entre estes problemas que (podem) prejudicar a escalabilidade dos serviços Web?

Defendemos que a causa principal é a incapacidade dos serviços Web para suportar a replicação. Em primeiro lugar, não conhecemos uma linguagem melhor do que a XML para a interação de sistemas em contextos heterogéneos. Hansen (2007) exonerou o SOAP, explicando que o SOAP não pode ser responsabilizado pelos problemas dos serviços Web, que os problemas dos serviços Web são alguns dos problemas intrínsecos das plataformas de computação distribuída (DCOM, Java RMI e CORBA); e atribuindo a culpa à complexidade do domínio do problema - a computação distribuída - em vez disso, Hansen (2007) afirma: "A computação distribuída é praticamente o problema mais difícil da informática". No caso do UDDI, é fácil perceber que, com a correção das caraterísticas de escalabilidade em falta, o registo UDDI pode ser gerido de forma eficaz em termos de consistência. Em segundo lugar, a publicação persistente pode ser ideal para sítios Web em que as pessoas utilizam navegadores para descarregar páginas Web de sítios Web que são repositórios de documentos, mas os serviços Web são uma mudança completa desta mentalidade - envolvem computadores que interagem com outros computadores (Birman, 2005b; Hansen, 2007) sem descontinuidades e também de forma flexível. Este forte contraste entre a Web e os serviços Web foi corretamente exposto por Hansen (2007) - enquanto a World Wide Web é uma plataforma informática distribuída para pessoas, os serviços Web são uma plataforma informática distribuída para aplicações empresariais. Além disso, contra a afirmação de Krummenacher et al. (2003) de que um serviço Web está fortemente acoplado em termos de referência e de tempo enquanto tecnologia de troca de mensagens, Weerawarana et al. (2005) e Birman (2005b) afirmam que (pode ser e) é mais assíncrono. Já concordámos que encarar os serviços Web apenas como uma tecnologia de condutas é uma aberração que pode ser corrigida se estivermos dispostos a fazer o que está certo - compensar adequadamente o que falta. Claramente, as questões induzidas externamente são questões secundárias, que normalmente serão resolvidas quando conseguirmos pôr a "casa" dos serviços Web em ordem, quando os serviços Web se tornarem escaláveis. No entanto, um ponto importante que vale a pena sublinhar sobre a questão económica do mercado é que a escalabilidade e outras questões de fiabilidade exigem um enorme investimento, uma forte determinação e responsabilidade por parte dos criadores de plataformas e aplicações de serviços Web, o apreço dos clientes e a simpatia das agências de apoio à investigação.

Atualmente, descobriu-se que a causa da fraca escalabilidade dos serviços Web é a sua incompletude. Atualmente, os serviços Web não têm a capacidade de aumentar a escala. Vimos que a tecnologia em falta inclui a replicação, o equilíbrio de carga, a garantia de resposta, os serviços de ciclo de vida e a gestão autónoma do estado e dos recursos. É surpreendente, contudo, que estes requisitos básicos não existam numa arquitetura distribuída como os serviços Web, que surgiram quando já se sabia o suficiente sobre os requisitos de conceção da arquitetura distribuída. Por exemplo, a partir das experiências das décadas de 1970 e 1980, já sabíamos que uma arquitetura distribuída deve ser reactiva, manter um estado consistente e um débito razoavelmente constante, equilibrar as cargas computacionais e lidar com falhas (Coulouris et al., 2001).

É também interessante notar que esta incompletude dos serviços Web pode ser reduzida à sua incapacidade de suportar, controlar e gerir a replicação de serviços, uma vez que as outras caraterísticas de escalabilidade são actividades de replicação necessárias (Coulouris et al., 2001; Birman, 2005b). Consequentemente, vemos que um excelente suporte dos serviços Web para a replicação é imperativo para melhorar grandemente a escalabilidade dos serviços Web.

3.1. Replicação

A replicação é uma técnica que ajuda a tornar cópias exactas (réplicas) de uma dada funcionalidade ou dados simultaneamente acessíveis e disponíveis em locais possivelmente diferentes, com vista a melhorar o desempenho global do sistema e a assegurar a disponibilidade do serviço e a tolerância a falhas. Espera-se que os dados ou a computação replicados sejam transparentes e consistentes (Coulouris et al., 2001). Basicamente, a replicação pode ser passiva ou ativa (Baldoni et al., 2002).

Replicação passiva: A replicação passiva ou primária (Alsberg e Day, 1976) exige que, de cada vez, apenas uma única cópia esteja ativa, enquanto as outras servem de cópias de segurança. A cópia ativa, designada por réplica primária, executa as operações de serviço e apenas mantém as cópias de segurança actualizadas com as alterações, caso existam. Uma das réplicas passivas torna-se ativa se a primária falhar. Normalmente, esta técnica de replicação requer f+1 réplicas para sobreviver a falhas de f réplicas. Esta técnica é modelada na figura 3.1, com a sequência de eventos para um pedido de operação de um único cliente descrita da seguinte forma

> Pedido: o cliente envia uma mensagem de pedido, contendo um identificador único, para a réplica primária.

> Coordenação: a réplica primária recebe cada pedido atomicamente, pela ordem em que o recebe; e com a ajuda do identificador do pedido, a sua resposta é reenviada.

> Execução: a réplica primária executa o pedido e armazena a resposta.

> Acordo: se a resposta for uma operação de escrita, por exemplo, é enviada juntamente com o identificador único do pedido a todas as cópias de segurança. As cópias de segurança enviam uma mensagem de confirmação aquando da entrega da resposta.

> Resposta: a réplica primária responde ao pedido do cliente.

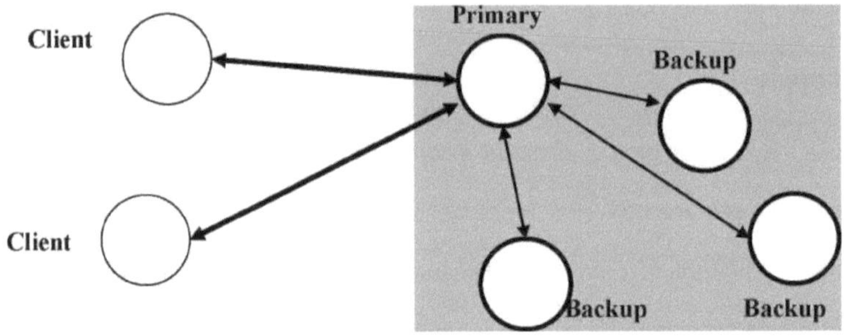

Figura 3.1: O Modelo de Replicação Passiva

Replicação ativa: Na replicação ativa não existe nenhuma réplica passiva, todas elas funcionam como réplicas primárias e servem como backups umas das outras. O que acontece é que o pedido do cliente é multicast para o grupo de réplicas. Esta técnica, modelada na figura 3.2, requer 2f+1 réplicas para sobreviver a f falhas bizantinas. Note-se que a replicação passiva não pode normalmente resistir a falhas bizantinas, para além da sua elevada sobrecarga de serviço. A sequência de eventos para um pedido de operação de um único cliente nesta técnica de replicação é descrita da seguinte forma

> Pedido: o cliente atribui um identificador único ao pedido e envia-o de forma síncrona para o grupo de réplicas em ordem total utilizando uma primitiva de multicast fiável (ver Birman, 2005b).

> Coordenação: o sistema de comunicação de grupo entrega o pedido a todas as réplicas corretas pela mesma ordem.

> Execução: cada réplica executa o pedido. Uma vez que são máquinas de estado e que os pedidos são entregues pela mesma ordem, todas as réplicas corretas processam o

pedido de forma idêntica. A resposta contém o identificador de pedido único do cliente.

> Acordo: Não é necessária qualquer fase de acordo, devido à entrega multicast.

> Resposta: cada réplica envia a sua resposta ao cliente. O número de respostas que o cliente recebe depende dos pressupostos de falha e do algoritmo de multicast.

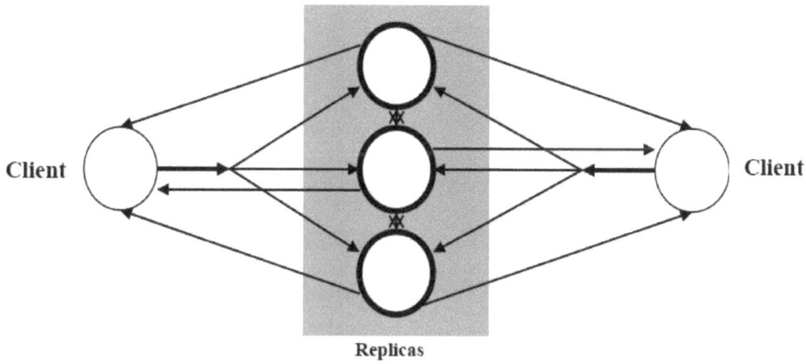

Figura3.2: O Modelo de Replicação Ativa

Mais recentemente, Baldoni et al. (2002) tiveram a ideia de separar os clientes, os servidores e a lógica de replicação da técnica de replicação, o que resultou numa abordagem de replicação a três níveis, como mostra a figura 3.3. Argumentaram que as técnicas de replicação convencionais (de dois níveis) não podem suportar a implantação de réplicas de servidores que implementam um serviço completo de estado num sistema distribuído assíncrono como a Internet. Este argumento é coerente com o de Birman (2005b). Baldoni et al (2002) mostraram que duas propriedades necessárias e suficientes para a replicação em serviços de aplicação distribuídos assíncronos de estado completo são (i) assincronia cliente/servidor e (ii) autonomia do cliente; e estabeleceram que apenas a técnica de replicação em três níveis pode satisfazer estas propriedades. A viabilidade desta técnica foi também suficientemente demonstrada em Baldoni et al (2002).

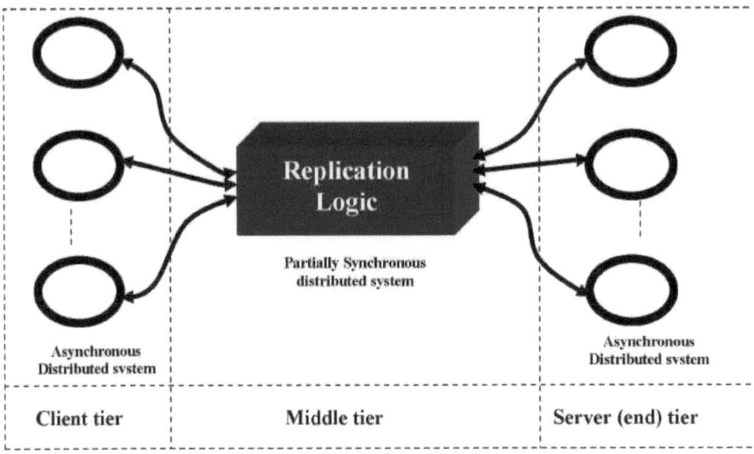

Figura 3.3: Arquitetura de Replicação em três níveis (Baldoni et al., 2002)

Em suma, o conceito de replicação está intrinsecamente ligado ao multicast, à comunicação e à adesão a grupos [ver Birman (1993,1999, 2005b); Birman et al, (1991); Chandy e Maxemchuk (1984); Coulouris et al. (2001); Fischer et al. (1985); Garcia-Molina e Spauster (1991); Herlily (1986); Ladin et al. (1992); Lamport et al. (1982); Melliar-Smith et al. (1990); Schiper e Raynal (1996); Schiper e Sandez (1993)] mas, por razões de brevidade e digressão desnecessária, deter-nos-emos mais neste conceito de replicação. De qualquer modo, a questão mais importante para esta investigação é a seguinte: como podemos incorporar a replicação nos serviços Web e obter escalabilidade? Embora Birman (2005a, 2005b) acredite que isso é possível, essa questão específica ainda não foi respondida.

Um sistema de serviços Web é constituído pelos seguintes componentes estruturais: módulo de expedição (router), processos back-end (servidores), documento WSDL (Web Services Description Language) e, naturalmente, o cliente (processos front-end). É também importante compreender que os serviços Web são uma arquitetura de computação cliente-a-cliente e não cliente-servidor como é geralmente retratado (Xu et al., 2005). Considere-se a popular, mas incompleta, estrutura cliente/servidor dos serviços Web (Birman et al., 2004) representada na figura 3.4 e a descrição básica dos serviços Web (Birman, 2005b) apresentada na figura 2.1. Observe que um serviço Web é a plataforma cliente onde os processos backend são, por exemplo, as aplicações COM, C# e CORBA que estão a ser agregadas. Queremos distinguir rapidamente os processos backend dos servidores do ponto de vista dos serviços Web: enquanto os servidores significam sistemas legados, os processos backend significam aplicações componentes; embora ambos sejam coletivamente referidos como servidores (centros de dados) na literatura. Assim, vemos os servidores como caixas negras para os serviços Web, enquanto os processos de backend são vistos como caixas brancas - partes integrantes dos serviços Web. Podemos agora imaginar que os serviços Web são uma coleção de nós em que cada nó pode ou não ter servidores com os quais interage para completar uma operação. Os serviços Web são ponto-a-ponto, mas como cada ponto pode ser um "escravo" de um servidor independente, não pode ser visto como um ponto, mas sim como um cliente; daí o nome cliente-a-cliente. A estrutura correta dos serviços Web deve, portanto, ser a representada na figura 3.5.

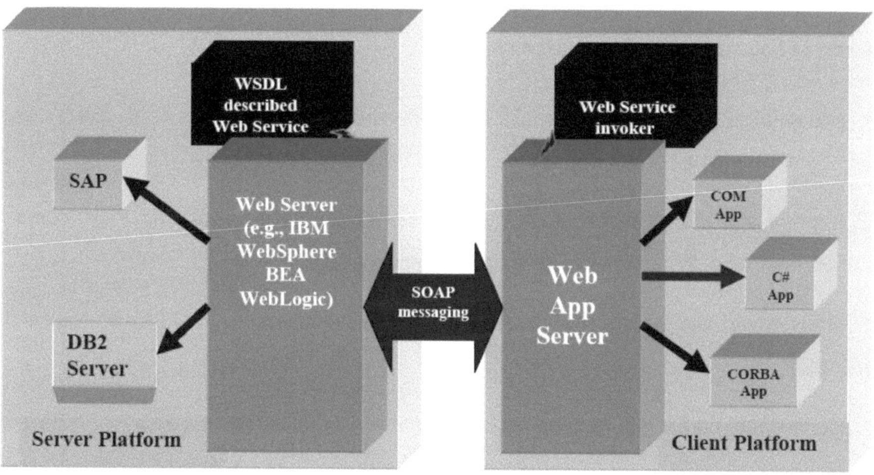

Figura 3.4: Estrutura Cliente/Servidor dos Serviços Web (Birman et al., 2004)

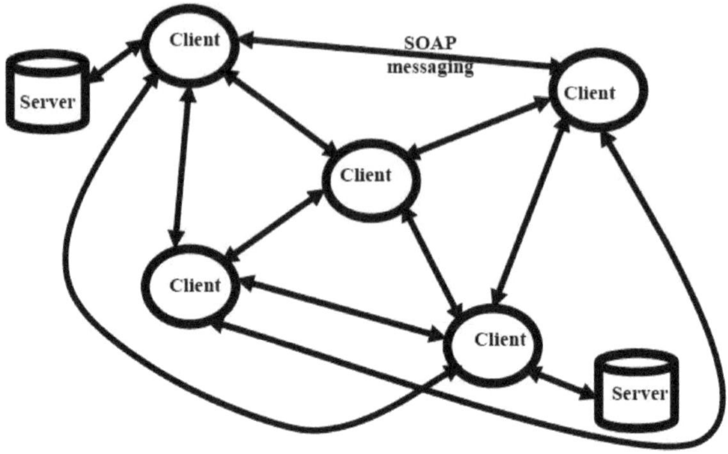

Figura 3.5: A estrutura cliente-a-cliente dos serviços Web

Com esta compreensão da verdadeira estrutura da solução de serviços Web (como cliente para cliente), verificamos que é mais viável, flexível, sustentável, fácil e económico adotar o esquema de replicação em três níveis nas soluções de serviços Web, especialmente devido às seguintes vantagens adicionais

> Isto está de acordo com a filosofia de terceiros de Krummenacher et al. (2005), para além de ser uma melhor alternativa.

> Suporta a implementação de tecnologias normalizadas baseadas no TCP, como o Internet Inter ORB Protocol (IIOP) e o SOAP (Baldoni et al., 2002).

> Manutenção em tempo real (adaptativa, corretiva ou aperfeiçoadora) da lógica de replicação.

> Consistente com a natureza de acoplamento frouxo dos serviços Web.

> O cenário "fractal" receado por Bussler (2007) é adequadamente contemplado.

3.2. Proposta de lógica de replicação de serviços Web de terceiros (WSTPRL)

A partir do estudo supra sobre a implementação convencional dos serviços Web, é óbvio que a replicação é uma chave para melhorar a escalabilidade dos serviços Web e que pode ser incorporada na solução de serviços Web através da interposição da lógica de replicação como uma camada autónoma de direção para os serviços Web, tal como ilustrado na figura 3.6.

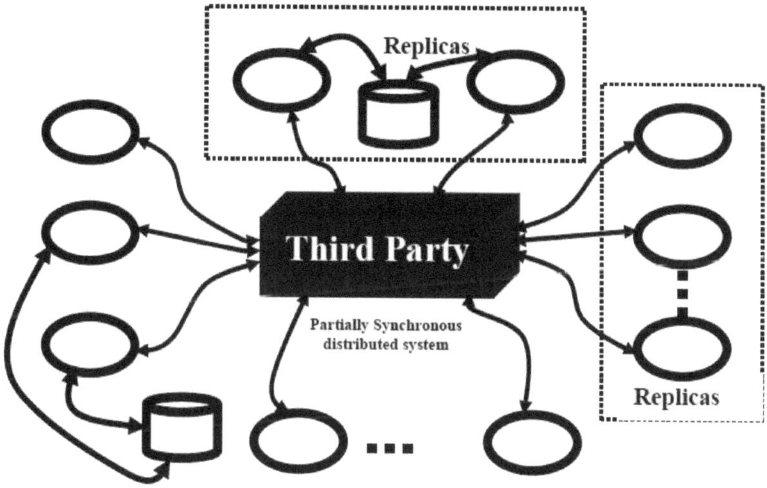

Figura 3.6: Proposta de lógica de replicação de serviços Web de terceiros (WSTPRL)

Baldoni et al. (2002) afirma que esta ideia, embora única, não é estranha e tem sido muito bem sucedida em aplicações que utilizam gateways, por exemplo. É de admirar que Abraham et al. (2005) tenham tido a excelente ideia de aumentar a disponibilidade dos serviços Web através de um hub ou gateway central. Esta função de hub de Abraham é basicamente uma fração da lógica de replicação típica - para monitorizar vários serviços alternativos e atribuir pedidos (equilibrar a carga) de forma adequada; e, por conseguinte, pode ser alargada a um conjunto de serviços replicados. No entanto, com a lógica de replicação distribuída, não existem serviços alternativos, mas réplicas de serviços e nenhum ponto único de falha como o hub. Além disso, com esta separação, a entidade terceira pode ser intrinsecamente equipada com diagnóstico e outras caraterísticas utilitárias.

A WSTPRL proposta, ilustrada na figura 3.6, consiste basicamente numa lógica de replicação distribuída e em conjuntos de serviços Web em interação que podem não ser necessariamente réplicas. Com esta lógica de replicação em vigor, um serviço Web remetente envia um pedido a um determinado serviço Web, mas este é intercetado pelo WSTPRL (um sistema distribuído autónomo) que encaminha esse pedido para o serviço Web recetor adequado (réplica) de acordo com a sua lógica. O serviço Web recetor (réplica) executa os pedidos, calcula os resultados e envia-os para o WSTPRL, que finalmente os devolve ao serviço Web remetente; e se houver uma mudança de estado da réplica, esta actualizará simultaneamente as réplicas irmãs. Isto melhorará consideravelmente a escalabilidade das soluções de serviços Web e é bastante flexível, tendo em conta a seguinte promessa:

- Um serviço Web (respectiva réplica de serviço) pode comunicar com a WSTPRL numa base ponto a ponto, seguindo um padrão de mensagem assíncrona simples de pedido/resposta;
- Mantém o carácter de acoplamento flexível dos serviços Web: A WSTPRL é uma caixa negra para o serviço Web (respectiva réplica do serviço) que não pode trocar mensagens diretamente entre si;
- Não é executado qualquer protocolo distribuído (de acordo) na extremidade dos serviços Web, mas sim por uma WSTPRL distribuída autónoma especializada que executa o protocolo adequado para garantir a precisão e a eficiência da interação e a coerência dos estados das réplicas;
- Sem ponto único de falha: em caso de falha de uma entidade da WSTPRL responsável por uma determinada interação, outra entidade da WSTPRL concluirá o processo;
- Suporte para a replicação de serviços Web - um requisito necessário para a sua implantação em grande escala;
- Monitorização, comunicação e aconselhamento contínuos e autónomos, deteção e/ou reparação do estado e dos recursos dos serviços Web componentes defeituosos pela WSTPRL. Por exemplo, a WSTPRL pode aconselhar em termos de hardware ou software adicional;

> Prestar outros serviços de utilidade pública; indicar o mecanismo de pagamento das chamadas de serviço, se necessário.

> A WSTPRL pode funcionar também como um servidor proxy ou front end para o serviço Web, e conhecemos a beleza desta capacidade;

> Não é necessário alargar ou reduzir as normas dos serviços Web;

> Assegurar uma elevada disponibilidade e fiabilidade: tal é possível graças ao seu suporte para replicação e possível gestão autónoma do estado e dos recursos do serviço Web.

3.3. Problemas com a WSTPRL

O sistema proposto para a WSTPRL é interessante, mas é fundamental examinar as muitas questões de conceção, implementação e implantação susceptíveis de limitar esta ideia ao domínio do pensamento. Estas questões, num total de 21, resultam da nossa experiência no desenvolvimento de software, dos conhecimentos convencionais de engenharia de software, de exercícios mentais para a implementação real de serviços Web no WSTPRL e dos contributos de pares e colegas a quem expusemos este trabalho durante a investigação. São discutidos a seguir:

3.3.1. Questões de conceção

Posicionamento: Por posicionamento entende-se a distância lógica relativa da WSTPRL às extremidades do serviço Web. O posicionamento da WSTPRL na extremidade do cliente exigirá que cada réplica de serviço Web tenha de ser definida estaticamente, publicada e localizada como entidades separadas e, por conseguinte, o cliente necessitará de informações constantes e actuais sobre o estado de todas as réplicas possíveis de um determinado serviço Web que necessitará dos seus serviços e com o qual pretenderá interagir. É evidente que as principais propriedades da replicação - consistência e transparência - são prejudicadas e violadas, respetivamente. A escalabilidade também é prejudicada e todo o sistema pode degenerar em sobrecarga de um determinado serviço de réplica num determinado instante de execução, resultando assim num desempenho instável de toda a solução de serviços Web.

O posicionamento da WSTPRL na extremidade do servidor pode acomodar as principais propriedades de replicação e manter-se coerente com a filosofia dos serviços Web de localização estática do serviço. Aqui, o cliente não tem conhecimento da existência de qualquer réplica do serviço solicitado. A publicação de serviços não é replicada, tendo cada um o seu identificador uniforme de recursos (URI) único. Por conseguinte, também será possível criar dinamicamente réplicas de serviços quando necessário. Isto é particularmente interessante, mas temos de conceber cuidadosamente um algoritmo eficiente, utilizando estruturas de dados dinâmicas com desempenho estável, independentemente da dimensão dos dados, para gerir e criar/destruir dinamicamente as réplicas de serviços.

Um posicionamento intermédio significará que a WSTPRL terá de ser pesada para poder acomodar o maior número possível de serviços Web. Teríamos então de exigir um fornecedor de serviços Web, por exemplo, para que os criadores de aplicações de serviços Web se pudessem concentrar naquilo que sabem fazer melhor - criar aplicações de serviços Web e registá-las nesse fornecedor de serviços. Embora interessante, tal não é imediatamente realizável no contexto desta investigação.

Tamanho: O peso reduzido favorecerá a ubiquidade, a reutilização e a simplicidade; os atributos caraterísticos do SOC. Por conseguinte, é ideal para manter um pequeno património.

Estrutura lógica: O que nos interessa aqui é a relação lógica entre os serviços e a WSTPRL. Neste caso, adoptaremos a filosofia "RAPS of RACS" de Jim Gray, o vencedor do prémio ACM Turing de 1994 (ver Birman, 2005a); neste caso, podemos dividir o serviço em serviços atómicos, publicá-los e vê-los como tal. Cada serviço atómico é agora implementado como um conjunto de réplicas de serviços atómicos e é aqui que a WSTPRL será introduzida; para coordenar o conjunto de réplicas individuais de forma independente.

Também é importante considerar a estrutura de dados mais eficiente e estável para o fazer. Isto depende do facto de as réplicas serem estáticas ou dinâmicas. Se forem estáticas, uma matriz (Fajuyigbe, 1995; Standish, 1994) será suficiente, mas se forem dinâmicas, será mais adequado o Dynamic Hashing (Folk et al., 1998). A nossa decisão depende do acesso direto. Queremos notar rapidamente que a criação e a gestão de réplicas dinâmicas serão mais difíceis de implementar e ainda mais difíceis de implantar. Mesmo quando tem a vantagem teórica da criação e crescimento infinitos de réplicas, depara-se com a realidade dos estrangulamentos de hardware (memória) e de desempenho. Existe, portanto, sempre um limite que pode ser atingido. Por conseguinte, pode ser sensato "recuar" na complexidade, abraçar a simplicidade e, através do Array, obter uma dimensão óptima, tendo em conta factores como a eficiência, a gestão de réplicas, a procura local, o crescimento e os recursos disponíveis, nomeadamente a memória.

A estrutura também é importante no que respeita à apresentação (publicação) e à descoberta. Isto ajudará a apresentar os serviços organizacionais para uma descoberta e compreensão eficientes, de modo a que uma organização externa, por exemplo, possa compreender o conjunto de serviços e a sua inter-relação para facilitar o consumo. Aqui, temos de ter em atenção que o conjunto de serviços que a organização ou a sua subdivisão pode ter não pode ser fixo, tendo em conta as realidades do mercado, deve poder crescer ou diminuir. Assim, a nossa estrutura de eleição é a árvore B^+ (Folk et al., 1998). A árvore B^+ também apresenta os serviços organizacionais de forma semelhante à estrutura organizacional.

Conteúdo: O que nos interessa aqui são as funcionalidades da WSTPRL. Isto dependerá da natureza do conjunto de réplicas. No mínimo, deve ser capaz de servir de proxy ou de front end do serviço Web, acompanhar os pedidos/respostas e os seus remetentes, armazenar os pedidos/respostas, partilhar/equilibrar a carga entre as réplicas disponíveis com base na sua lógica (basta uma lógica simples de fila), enviar o pedido/resposta para a réplica adequada sem perda de valor, fazer corresponder a resposta/pedido da réplica ao pedido/resposta do remetente e devolver adequadamente, tabela de pesquisa para localizar a origem/destino da mensagem/resposta e facilidade de multicast para atualizar as réplicas activas das respostas que mudam de estado. No caso de uma réplica de serviço dinâmica, criar e atualizar réplicas adicionais. Outro valor de conteúdo pode ser uma caraterística utilitária como direitos de acesso e âmbito, facilidade de autenticação, failover e mecanismos de fixação de preços.

Comportamento: As entidades da WSTPRL devem ser vistas pelos clientes e servidores como inexistentes (transparentes). Para tal, adoptaremos uma combinação de mecanismos de transporte; as comunicações entre a WSTPRL e a réplica do serviço serão feitas através de invocação simples (remota) de métodos ou troca de mensagens, enquanto as comunicações entre os serviços Web externos e a WSTPRL serão feitas através de SOAP.

Transparência: Transparência - a ocultação da complexidade do sistema ao utilizador ou às aplicações cliente é uma caraterística crítica da conceção de software de sistemas (distribuídos).

A replicação de serviços deve ser ocultada aos clientes e à réplica de serviços (ou seja, transparências de replicação). Isto também garante o desempenho e a transparência da migração. O comportamento externo do WSTPRL como serviço Web garante a localização e a transparência de acesso da réplica do serviço aos clientes. Os serviços Web atómicos concebidos com a estrutura em árvore B^+ garantem a transparência da escalabilidade. A réplica do serviço deve funcionar em simultâneo, partilhando recursos, por exemplo, bases de dados, sem qualquer interferência (ou seja, transparência de concorrência). Estes são alguns dos tipos básicos de transparências (Coulouris et al., 2001) que estão a ser cuidadosamente abordados.

Eficiência: O interesse está na quantidade de resposta a mensagens que pode ser gerada pela WSTPRL por unidade de tempo quando inundada de pedidos de mensagens. A ineficiência resultante de falhas externas do sistema e de congestionamentos e interrupções da rede está fora do âmbito desta investigação e não será considerada. Outras caraterísticas que podem afetar a eficiência incluem a capacidade de tratamento de falhas da WSTPRL, a disponibilidade de réplicas de serviço e a gestão. É por isso que, na conceção dos serviços Web, damos ênfase às estruturas de acesso direto, ao acoplamento flexível e à forte coesão funcional. A eficiência dos algoritmos utilizados é muito importante.

Estabilidade: Estabilidade significa a capacidade de suportar períodos de pico - um afluxo não anormal mas crescente de pedidos (excluindo ataques de negação de serviço) durante um período de tempo - e ainda manter uma gama de desempenho próxima sem qualquer assistência externa. A estabilidade da estrutura, a simplicidade da lógica, o mecanismo de reparação/recuperação, a capacidade de gestão dos recursos e a estabilidade dos algoritmos utilizados são muito importantes para a estabilidade do sistema. Para realçar esta questão da estabilidade, considere-se, por exemplo, os algoritmos Quick sort e Heap sort. O Heap sort comportar-se-á sempre O(n log n) em todos os casos, mas o Quick sort tem um pior caso de O(n2), pelo que, tendo em conta a estabilidade, preferimos o Heap sort ao Quick sort. A ordenação rápida, embora mais eficiente na maior parte dos casos, não pode ser impedida de se deparar com a situação mais desfavorável um número de vezes superior. As complexidades na conceção do sistema também podem resultar na instabilidade do sistema. Descobrimos que a estabilidade, juntamente com a capacidade de adaptação à mudança (aumento ou diminuição da componente do serviço), são os factores-chave para determinar a escalabilidade do sistema. Assim, a estabilidade é objeto de atenção prioritária.

Mudança: A mudança é transversal a todo o processo de construção de software. É o veículo para a realização de software de alta qualidade que pode resistir ao sabor do tempo neste mundo de influxo incontrolável de tecnologia, concorrência cada vez mais acirrada e requisitos dos utilizadores cada vez mais exigentes. A construção de software para a mudança permite que as entidades do sistema sejam adicionadas ou removidas ao longo do tempo sem impedimentos. Mudança significa capacidade de adaptação a novas tecnologias; traz simplicidade e flexibilidade na construção e manutenção do sistema. Mudança significa acoplamento frouxo e forte coesão funcional. Mudança significa generalidade - acomodar todos e não poucos. Construir para a mudança é preparar-se para o inevitável - o fracasso. Mudança significa tolerância a falhas. Um sistema que sobrevive aos perigos da mudança e mantém a sua estabilidade intacta é inquestionavelmente escalável.

Simplicidade: A simplicidade é a utilização de estruturas e lógicas simples, mas fiáveis e poderosas. A simplicidade promove uma excelente compreensão do sistema por parte do programador e do cliente. Promove a reutilização, aumenta a eficiência e facilita a mudança. Alcançar a simplicidade de conceção pode ser exigente, mas garante a correção dos sistemas e facilita o desenvolvimento e a manutenção. A simplicidade permite uma interação flexível entre componentes.

Gestão de recursos: Trata-se da utilização óptima dos recursos do computador e dos componentes do sistema. Os recursos incluem o tempo, o espaço e a sobrecarga de processamento. A conceção deve esforçar-se por minimizar ao máximo a utilização destas entidades de recursos. Isto aumenta a eficiência e a estabilidade geral dos sistemas.

Conformidade: Aqui, enfatizamos a obediência estrita aos princípios gerais de design de serviços Web. Zimmermann et al. (2004) compilaram os princípios de base da conceção de sistemas de serviços Web e são representados a seguir:

> "Os serviços bem concebidos proporcionam flexibilidade e agilidade à empresa; facilitam a reconfiguração e a reutilização através de um acoplamento flexível, do encapsulamento e da ocultação de informações.

> Os serviços bem concebidos são significativos e aplicáveis a mais do que uma aplicação empresarial; as dependências entre serviços são minimizadas e explicitamente indicadas.

> As abstracções dos serviços são coesas, completas e consistentes; por exemplo, deve pensar-se na metáfora *Criar, Ler, Atualizar, Eliminar* e *Procurar* (CRUDS) ao conceber serviços e respectivas assinaturas de operação.

> Um pressuposto frequentemente referido é o de que os serviços não têm estado (por exemplo, não são conversacionais); esta afirmação seria enfraquecida para solicitar que os serviços sejam tão sem estado quanto possível no domínio e contexto do problema em causa.

> A designação do serviço é compreensível para os especialistas no domínio sem conhecimentos técnicos profundos.

> Numa SOA, todos os serviços seguem a mesma filosofia de conceção (que é articulada através de padrões e modelos) e padrões de interação; o estilo arquitetónico subjacente pode ser facilmente identificado (por exemplo, durante as revisões da arquitetura).

> O desenvolvimento dos serviços e dos consumidores de serviços requer apenas competências básicas em linguagem de programação, para além do conhecimento do domínio; a especialização em middleware só é necessária para alguns especialistas, que, num mundo ideal, trabalham para fornecedores de ferramentas e de tempo de execução e não para as empresas que criam aplicações empresariais como SOA".

Sistemas legados: A criação de serviços Web para sistemas herdados exige cuidados especiais e artesanato (Vawter e Roman, 2001; Birman, 2005b). Sabemos que os serviços Web só podem servir de front end para sistemas legados sobre os quais não têm qualquer controlo. A implicação deste facto é que os serviços Web, neste caso, não têm poder computacional nem influência no desempenho global dos sistemas. O sistema herdado determina, por conseguinte, a estabilidade desse sistema de serviços Web. Este facto torna a procura de escalabilidade para os serviços Web com sistemas herdados um pouco complexa. No entanto, com uma implementação de dois níveis da WSTPRL: implementações leves e pesadas, e com os serviços de cache, podemos gerir este problema. Teremos agora várias WSTPRLs locais leves, coordenadas por uma WSTPRL global para um determinado sistema legado.

3.3.2. Questões de implementação e implantação

Abertura: Queremos garantir que construímos a WSTPRL e toda a aplicação de serviços Web em conformidade com mecanismos de comunicação uniformes e normas publicadas. A abertura é fundamental para a operacionalidade inter e intra das entidades de serviços Web, em especial com o slogan de acoplamento flexível do SOC.

Tecnologia: Um dos nossos interesses aqui é o suporte de hardware e sistemas operativos. A durabilidade, a fiabilidade, a eficiência, a disponibilidade, o apoio técnico, a compatibilidade com o ambiente e o custo são critérios importantes para a seleção do hardware e dos sistemas operativos necessários. Os serviços Web já têm o seu conjunto de tecnologias de implementação (linguagem, protocolos, etc.). É do conhecimento geral que a metodologia ágil de desenvolvimento de software é a mais adequada para a criação de serviços Web. Os padrões de software (Alur et al., 2003) devem ser cuidadosamente selecionados e re-facturados, se necessário; ajudam a reduzir o esforço de implementação.

Esforço: Aqui, queremos saber a duração e o custo (salários, custos de formação, custos de aquisição, etc.) da implementação. Isto depende da simplicidade da conceção, da competência da equipa de desenvolvimento, da economia existente e das infra-estruturas no terreno. Pode também ser influenciado pelo conhecimento e pelo gosto dos programadores por ferramentas modernas e sofisticadas.

Controlo de acesso: Para controlar o acesso aos vários serviços, será conveniente adotar os esquemas de modificadores de acesso das linguagens de programação orientadas para os objectos (público, privado, protegido, etc.).

Usabilidade: Para além do que sabemos que a usabilidade implica, no caso dos serviços Web, a simplicidade da descrição dos serviços Web é fundamental para a sua usabilidade. Aqui, destacamos a facilidade e a flexibilidade da interação dos serviços com outros serviços, bem como a sua compreensão e utilização por seres humanos. O cliente deve, portanto, fazer parte da equipa de implementação. A implementação deve esforçar-se por reduzir a sobrecarga de interação.

Ferramentas: Por mais sofisticada que seja uma ferramenta, a astúcia do utilizador na utilização da ferramenta é mais importante. Embora recomendemos vivamente ferramentas modernas e sofisticadas, a competência do programador é fundamental.

Replicação: O problema aqui reside principalmente no domínio da replicação dinâmica. A complexidade desta questão é tão grave que podemos dispensar este trabalho da replicação dinâmica, que vale a pena considerar no seu todo e não como um subproblema de investigação.

Sustentabilidade: Não se trata de uma questão de conceção ou de aplicação. Tem a ver com o custo e o esforço de manutenção, a aceitabilidade dos utilizadores e a capacidade de adaptação dos sistemas às novas tecnologias. Torna-se uma questão trivial quando as outras questões acima mencionadas são cuidadosamente consideradas e corretamente interpretadas. A palavra de ordem é que os utilizadores devem orientar o desenvolvimento; o software destina-se ao utilizador e não o utilizador ao software.

3.4. A proposta de arquitetura orientada para a replicação para serviços Web

Com base nas discussões da secção 3.3, propomos uma arquitetura orientada para a replicação para serviços Web. Esta consiste em matrizes de serviços atómicos particionados, sendo cada um dos seus elementos uma matriz de réplicas de serviços. A cada serviço atómico é atribuída uma WSTPRL (leve) que gere a sua réplica de serviço e uma WSTPRL (pesada) para um conjunto de serviços atómicos que têm o mesmo back end ou sistema legado, se for o caso, como mostra a Figura 3.7.

Este quadro de implementação tem a vantagem de permitir o acesso direto e o acoplamento flexível dos serviços Web, podendo os serviços compostos ser formados a partir de serviços atómicos que são completamente independentes. É importante notar que a lista de serviços atómicos não precisa de estar ordenada ou de residir no mesmo servidor.

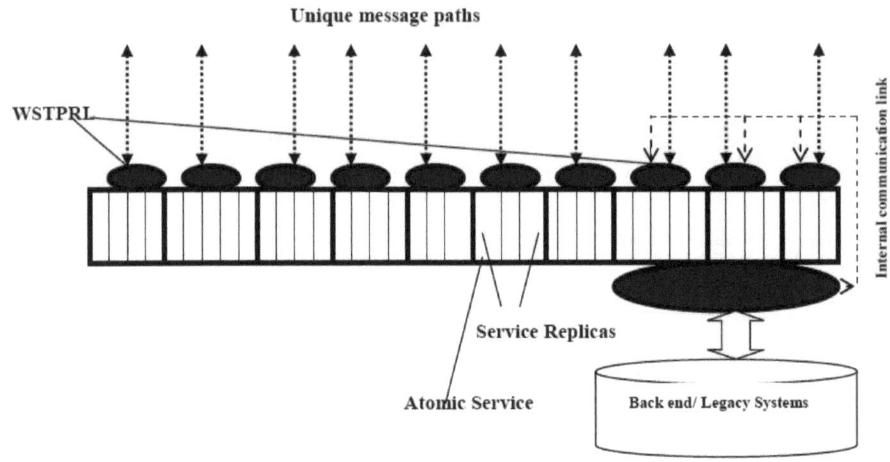

Figura 3.7: Arquitetura orientada para a replicação para criar uma solução de serviços Web

Note-se que a localização de um serviço Web pode não ser fixa, mas tem de ser única (Weerawarana et al., 2005). Este facto é garantido pela postura enganadora da WSTPRL como serviço Web que, na realidade, são réplicas de serviços dentro da mesma LAN ou sistema de rede que gere. É evidente que o número de serviços atómicos que um sistema legado pode prestar é limitado, pelo que se vê que a arquitetura suporta o crescimento dos serviços Web. Tudo o que é necessário é configurar a WSTPRL nula para qualquer novo conjunto de réplicas de serviços.

Esta arquitetura é única, particularmente na sua aplicação da replicação ao serviço Web, nos seguintes aspectos

> Utiliza uma técnica de replicação não convencional

> É orientado para o lado do servidor e transparente para o consumidor (aplicações); e, por conseguinte

> Liberta os consumidores de serviços Web das questões relativas aos algoritmos/políticas de seleção de servidores de serviços Web

Este facto é particularmente interessante, se observarmos que, apesar de sabermos que alguns atributos importantes de qualidade de serviço podem ser fornecidos para aplicações

Internet através do uso de replicação (Berners-Lee et al., 1996), os esforços feitos até agora para tirar partido deste conhecimento no domínio dos serviços Web não só são raros como os poucos, como Azevedo et al. (2003), Keidl e Kemper (2004), que se atreveram a fazê-lo são orientados para o lado do cliente ou não são transparentes para o consumidor (aplicação), ou ambos; e daí a proliferação de políticas de seleção de servidores do lado do cliente e a subsequente avaliação de algumas dessas políticas para aceder a serviços Web replicados por Mendonça e Silva (2005).

Pode argumentar-se que a sobrecarga exigida pela WSTPRL pode prejudicar o desempenho, em especial no caso de serviços com pouca ou nenhuma capacidade computacional e um grande número de réplicas, e mesmo com um baixo número de utilizadores. Além disso, os empiristas vão querer ver este esquema de replicação implementado e ver demonstrada a sua força de escalabilidade em relação ao esquema convencional, particularmente com uma solução de serviço Web que pode colocar o novo esquema numa posição de desvantagem, como no cenário acima mencionado; mas queremos acrescentar rapidamente que a escalabilidade não é um problema para os serviços Web se o patrocínio for baixo. Não obstante, seleccionaremos cuidadosamente um problema de solução de serviços Web tão difícil para demonstrar a nossa nova abordagem de desenvolvimento para resolver o problema da escalabilidade dos serviços Web.

O resultado desta tarefa específica é necessário e suficiente para avaliar o êxito da nossa caminhada em direção a uma solução escalável de serviços Web.

Entretanto, é importante que estes serviços atómicos sejam concebidos e publicados de uma forma estruturada para facilitar a identificação, inserção, eliminação ou redistribuição de serviços numa organização. A nossa proposta de estrutura de serviços para organizações está representada na Figura 3.8.

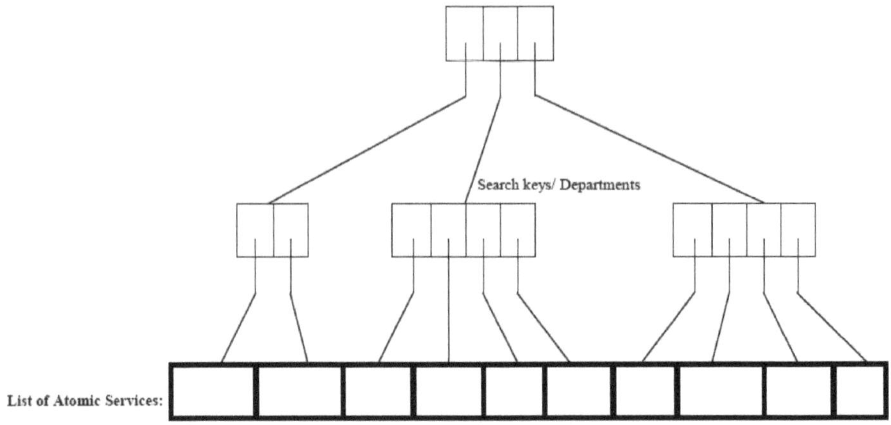

Figura3.8: B+ Estrutura dos serviços Web

Para melhor apreciar a estrutura organizacional dos serviços, considere as seguintes definições (Folk et al., 1995) e discussões:

Definiçãol: Uma árvore B+ consiste num conjunto sequencial de registos ordenados sequencialmente por chave, juntamente com um conjunto de índices que fornece acesso indexado aos registos. Todos os registos são armazenados num conjunto de sequência (uma lista ligada). O conjunto de índices, que é utilizado principalmente como auxiliar de pesquisa para os elementos do conjunto de sequência, é melhor gerido utilizando uma árvore B^* .

Definição2: Uma árvore B* é uma árvore B especial em que cada nó está pelo menos dois terços cheio. As árvores B* permitem geralmente uma melhor utilização do armazenamento do que as árvores B.

Definições: Uma árvore B é uma árvore de índice multinível com estas propriedades:

I. Cada nó tem um máximo de m descendentes

II. Cada nó, exceto as raízes, tem pelo menos ceil (m/2) descendentes

III. A raiz tem pelo menos dois descendentes (exceto se for uma folha)

IV. Todas as folhas aparecem no mesmo nível

As árvores B são construídas de forma ascendente a partir do nível da folha, pelo que a criação de novos nós começa sempre na folha.

É fácil ver que a utilização desta abordagem para a decomposição/identificação de serviços é coerente com a filosofia descendente da decomposição de software. Além disso, a sua publicação ao longo da estrutura organizacional é particularmente importante para facilitar a composição, compreensão e descoberta de serviços. Note-se que nenhum nó interno é um serviço, apenas o nó folha contém o serviço Web (atómico).

O poder das árvores B reside no facto de serem equilibradas (sem ramos demasiado longos); de serem pouco profundas (requerem poucas pesquisas); e de permitirem eliminações e inserções aleatórias a um custo relativamente baixo, mantendo o equilíbrio. A escolha de m - o número de descendentes - é determinada no momento da conceção. A escolha da árvore B^+ é particularmente reforçada pela sua base aparentemente sequencial que concilia esta estrutura com a arquitetura proposta para a construção de uma solução escalável de serviços Web.

3.5. O projeto de teste

Um sistema de transferência de fundos de uma caixa automática (ATM) é um desses projectos que pode ser utilizado para testar e estabelecer adequadamente a viabilidade e a escalabilidade da arquitetura proposta, uma vez que requer menos capacidade computacional, é conversacional e incorpora a utilização de um sistema back end (base de dados). O sistema ATM é, na realidade, um sistema de grande atividade, de grande importância económica e fácil de apreciar. Além disso, com a proliferação de dispositivos portáteis, o aparecimento de sistemas ubíquos e a evolução para uma sociedade sem dinheiro, o sistema ATM reflecte dois domínios importantes - o das transacções financeiras (quer se trate de comércio ou de governação) e o dos sistemas ubíquos - que estarão totalmente dependentes dos serviços Web.

Antes de iniciarmos o processo de construção, é imperativo seleccionarmos a metodologia de desenvolvimento de software (SDM) mais adequada para este projeto. Este é o foco da próxima secção.

3.6. Rigidez versus Agilidade

Convencionalmente, a gestão de processos é sequencial e descendente por natureza e estas actividades são organizadas em fases distintas com a produção de produtos em pontos definidos. As metodologias tradicionais de desenvolvimento de software (TSDM) seguiam o modelo genérico Waterfall, com ênfase na visibilidade do processo. As TSDM defendem a utilização de um planeamento extensivo, de processos codificados e de uma reutilização rigorosa para tornar o desenvolvimento uma atividade eficiente e previsível que amadurece gradualmente até à perfeição (Boehm, 2002). Incluem a programação estruturada e as metodologias de desenvolvimento de software orientadas para os objectos. No entanto, ficaram para trás no que diz respeito a projectos de desenvolvimento de aplicações de software estranhos e controlados pelo utilizador, orientados para o tempo de colocação no mercado (Ekuobase, 2006; Cusumano e Yoffie, 1999; Griss e Pour, 2001).

Por outro lado, temos as metodologias ágeis de desenvolvimento de software. São abordagens baseadas no tempo que visam a entrega rápida de produtos de software através da integração de processos leves, estruturas de processos modulares e processos incrementais e iterativos (Aoyama, 1998). Incluem o eXtreme Programming (XP), o Adaptive Software Development e o Feature- Driven Development. Estas metodologias ágeis de desenvolvimento de software podem ser melhor descritas pelo manifesto ágil, assinado em fevereiro de 2001:

"...estamos a descobrir melhores formas de desenvolver software, fazendo-o e ajudando outros a fazê-lo. Através deste trabalho, passámos a valorizar

- *Indivíduos e interações em vez de processos e ferramentas,*
- *Software funcional e documentação completa,*

- *Colaboração com o cliente em vez de negociação de contratos,*
- *Reagir à mudança em vez de seguir um plano.*

Ou seja, embora haja valor nos itens da direita, valorizamos mais os itens da esquerda" (Agile Alliance, 2001).

Na verdade, nenhum SDM é um fracasso e nenhum é uma bala de prata; todos eles têm os seus pontos fortes e fracos ou o domínio do projeto ou a natureza dos projectos de software para os quais são mais adequados (Ekuobase, 2006), como resumido na Tabela 3.1.

Tabela 3.1: Projectos de software e abordagens básicas de desenvolvimento de software

Abordagem de desenvolvimento de software ágil	**Abordagem tradicional de desenvolvimento de software**
Sistemas visíveis	Sistemas antigos/integrados
Projectos de baixo risco	Projectos de alto risco
Requisitos pouco claros e instáveis	Requisitos explícitos e bastante estáveis
Projectos de pequena e média dimensão	Projectos grandes e complexos
Tempo de colocação no mercado	Qualidade do produto

A partir da Tabela 3.1, é óbvio que a abordagem ágil é a mais adequada para a tarefa em causa. Entretanto, devemos notar que temos nada menos do que cinco conjuntos distintos de sistemas para construir:

1. Os WSTPRL
2. O produto de software que utiliza a abordagem convencional
3. Os produtos de software que utilizam a estrutura proposta

Estas actividades de construção e a experimentação que se segue constituirão a fase seguinte e última desta investigação - "Towards Scalable Web Services Solution".

CAPÍTULO 4

IMPLEMENTAÇÃO E AVALIAÇÃO DE SISTEMAS

Temos em vista dois conjuntos de soluções de serviços Web para o sistema ATM - o projeto de teste:

> Solução de serviços Web utilizando a abordagem convencional e

> Soluções de serviços Web que utilizam a arquitetura proposta, que consiste em réplicas atómicas de serviços, sendo cada conjunto gerido por uma WSTPRL.

4.1. Especificação e conceção de requisitos de sistemas

Foram assumidos os seguintes pressupostos sobre o sistema ATM em construção:

> O sistema ATM não se preocupa com o funcionamento e a natureza dos terminais ATM (ecrã, leitor de cartões, teclado, distribuidor de dinheiro e ranhura de depósito).

> O sistema ATM funciona como uma estação de base para vários terminais ATM com a única função de interface com o utilizador.

> O sistema ATM não inclui caraterísticas de segurança suficientes para uma utilização em condições reais.

> Embora o sistema ATM ofereça quatro serviços básicos, tal como ilustrado na figura 4.1, apenas o serviço de transferência de fundos é desenvolvido, uma vez que engloba todos os serviços ATM.

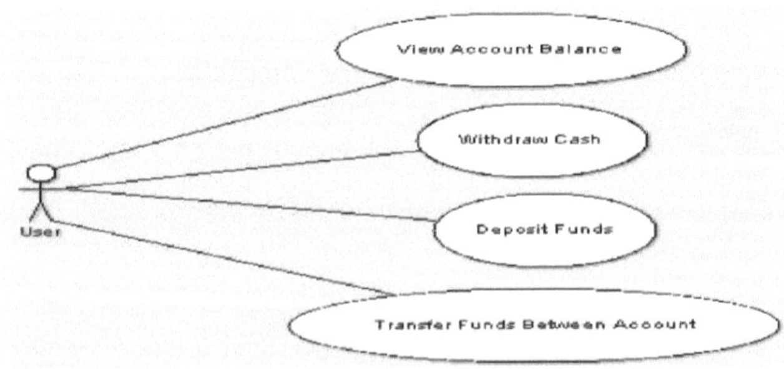

Figura 4.1: Diagrama de casos de uso para o sistema ATM

Independentemente do tipo de implementação da solução, o componente funcional do sistema ATM permanece o mesmo e é modelado na figura 4.2.

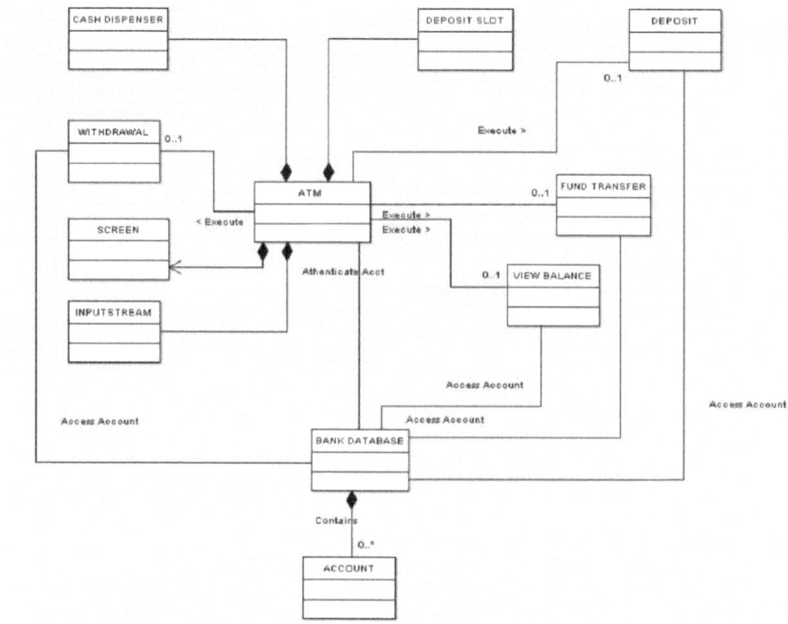

Figura4.2: Diagrama de classes para o sistema ATM

Embora o serviço de transferência de fundos seja de particular interesse para esta tese, os pormenores de todas as classes e os padrões de comportamento dos quatro serviços básicos de ATM são modelados como se mostra nas figuras 4.3 - 4.9. O objetivo é dar aos leitores uma visão holística do sistema.

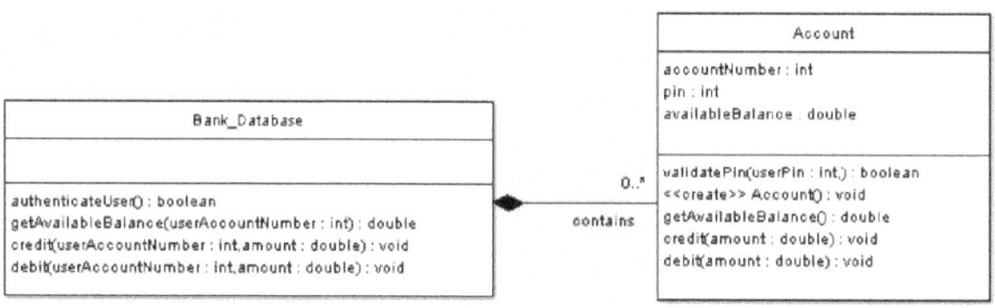

Figura4.3: Diagrama de Associação da Base de Dados Bancária e Classes de Conta

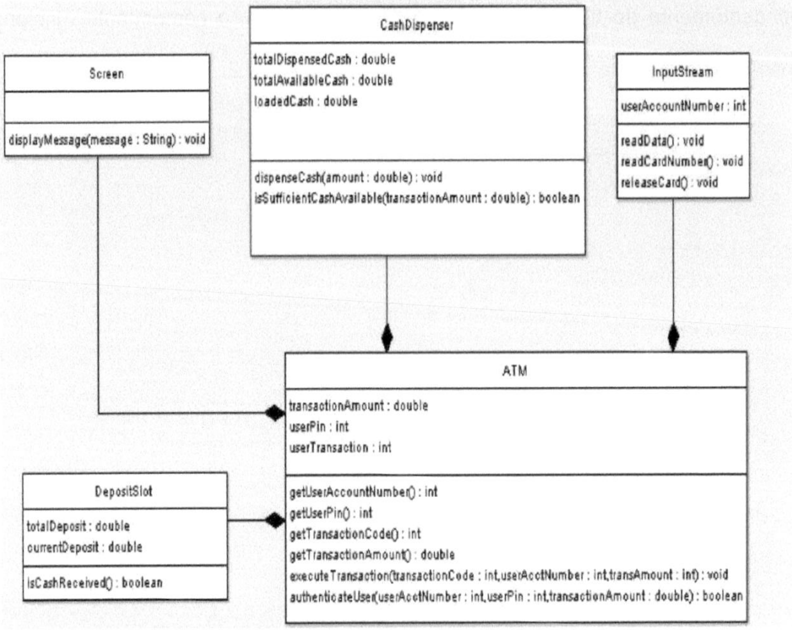

Figura 4.4: Diagrama de associação para o terminal ATM

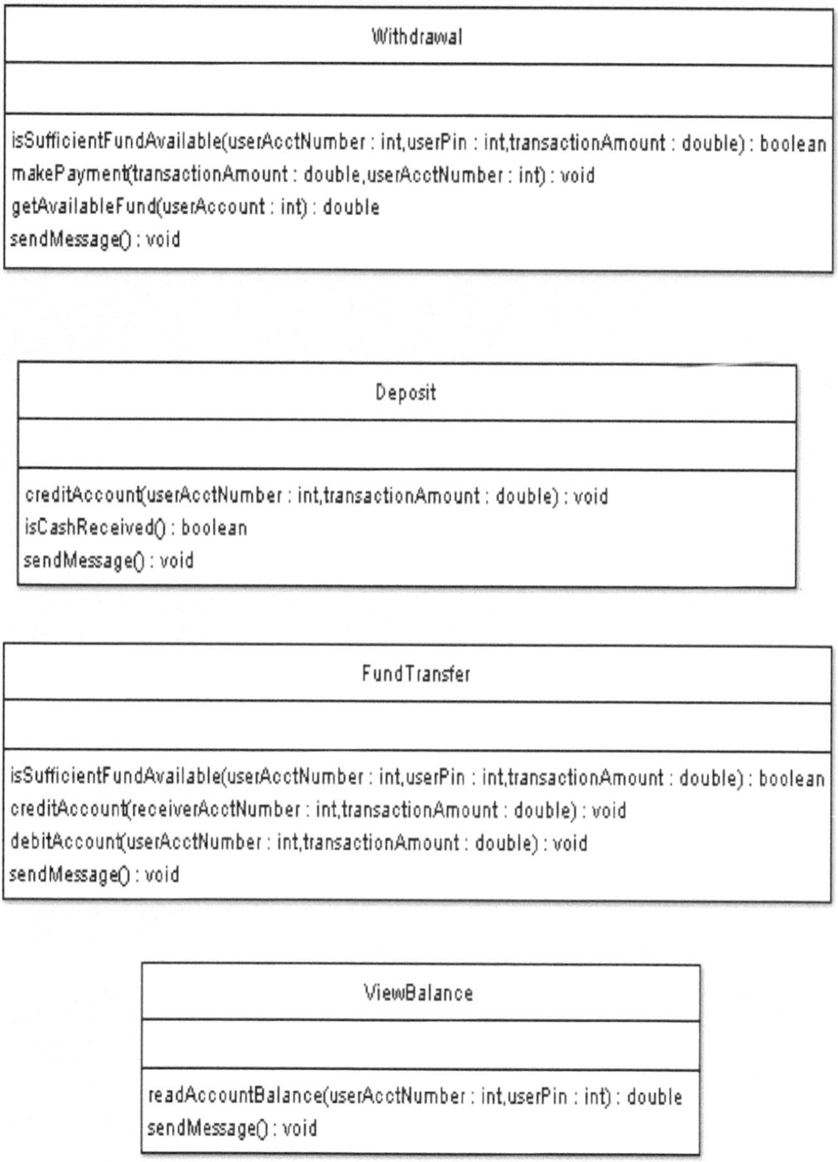

Figura 4.5: Estrutura de classes pormenorizada dos processos lógicos ATM

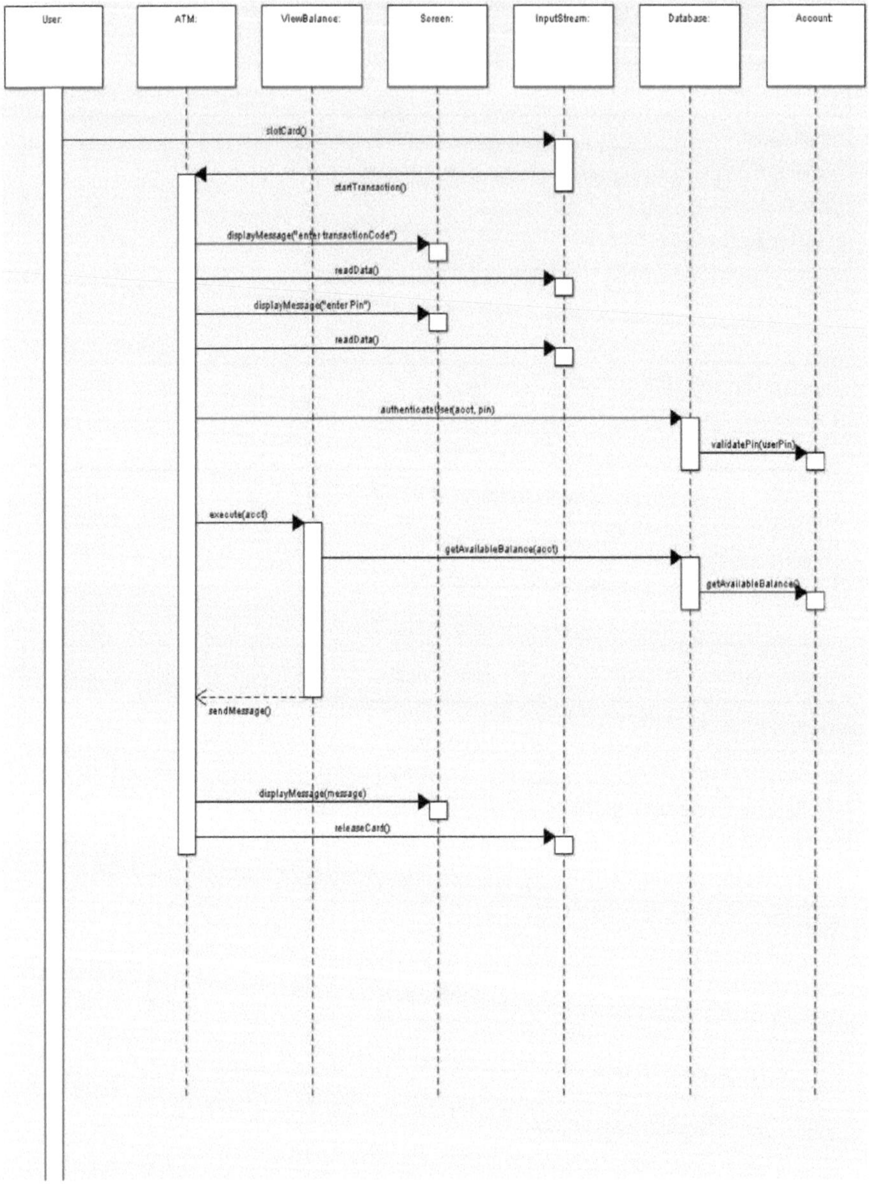

Figura 4.6: Diagrama de sequência para o serviço View Balance ATM

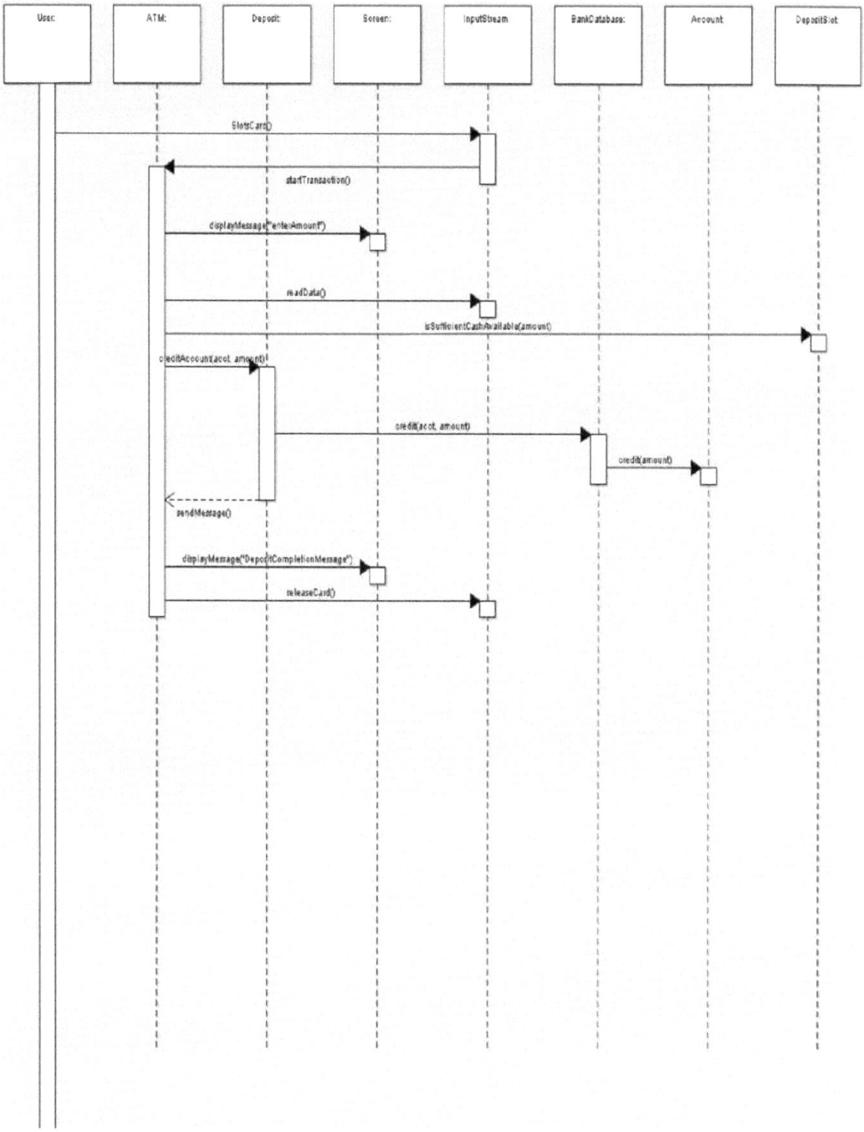

Figura4.7: Diagrama de sequência para o serviço de depósito ATM

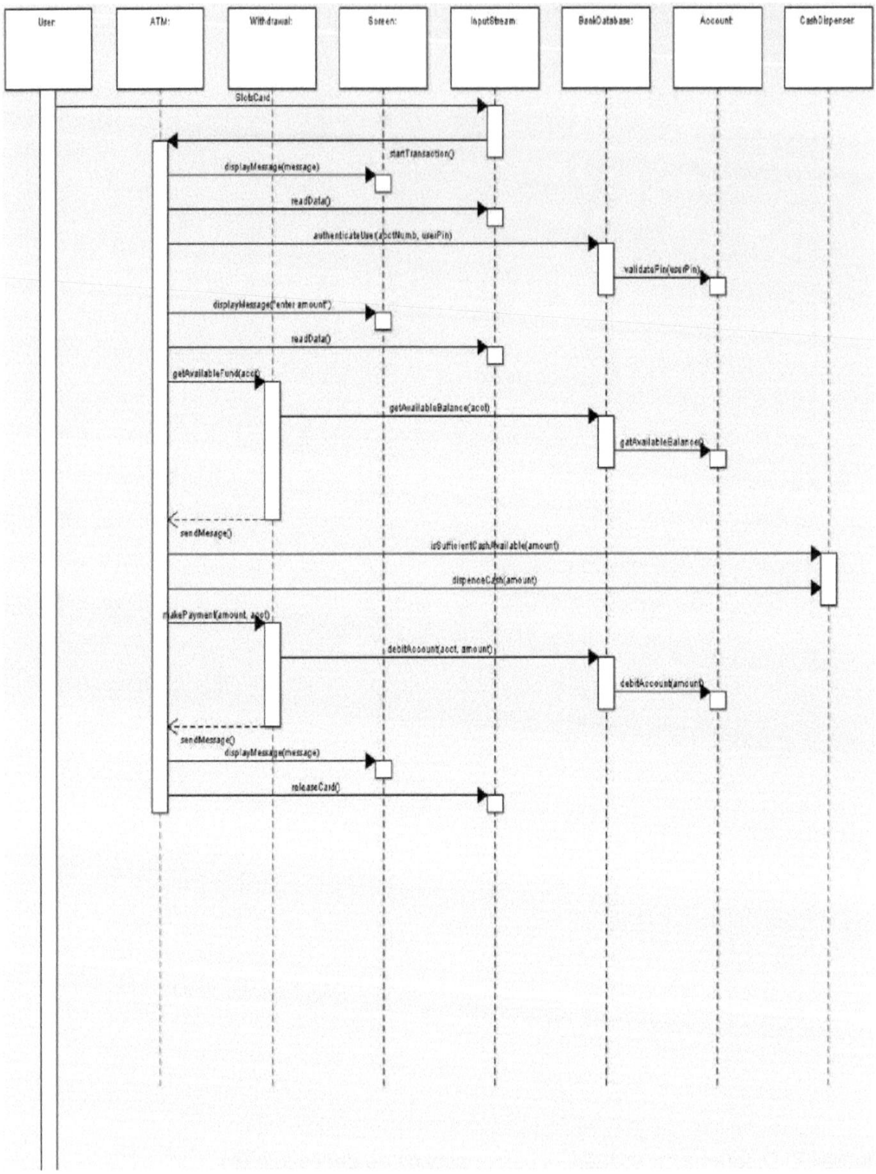

Figura 4.8: Diagrama de sequência para o serviço de levantamento ATM

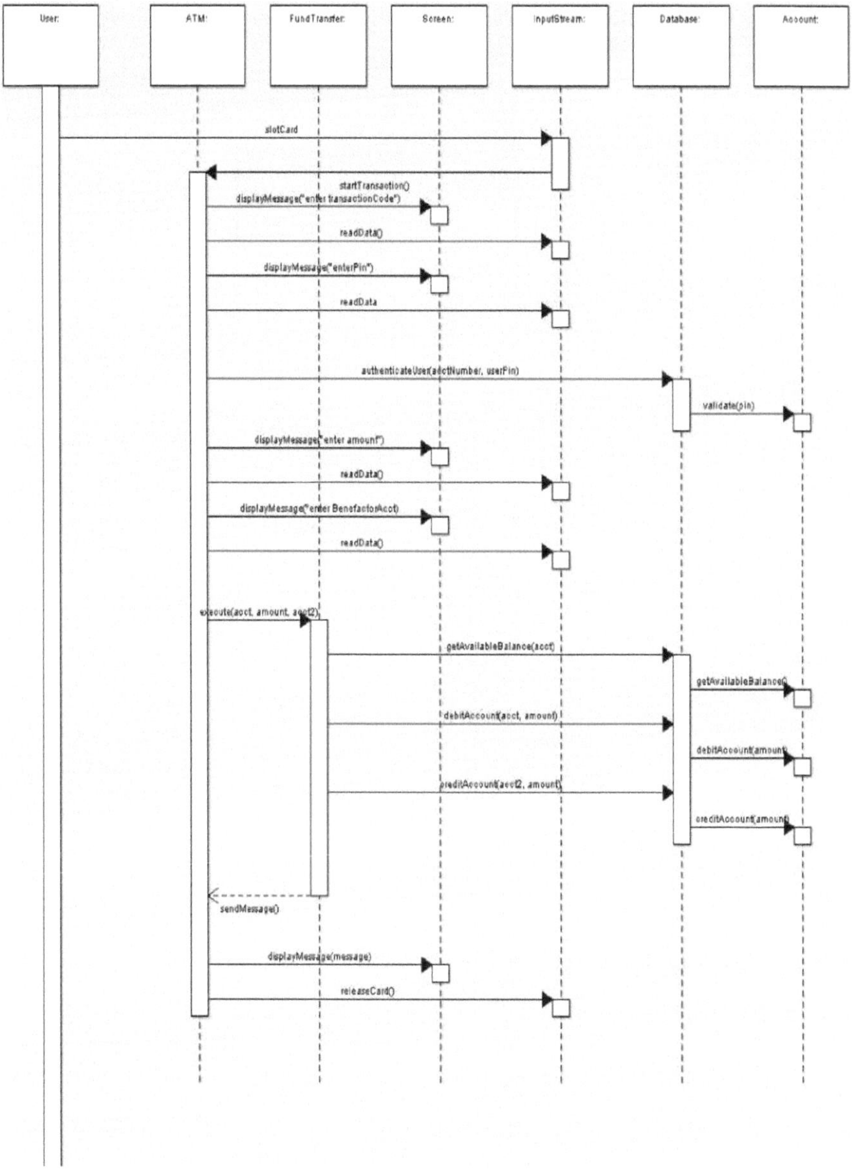

Figura 4.9: Diagrama de sequência para o serviço de transferência de fundos por multibanco

No entanto, é pertinente notar que a estrutura e o comportamento dos sistemas acima referidos não podem ser implementados como solução de serviços Web sem algumas modificações. A figura 4.10 apresenta uma versão convencional dos serviços Web do nosso sistema ATM.

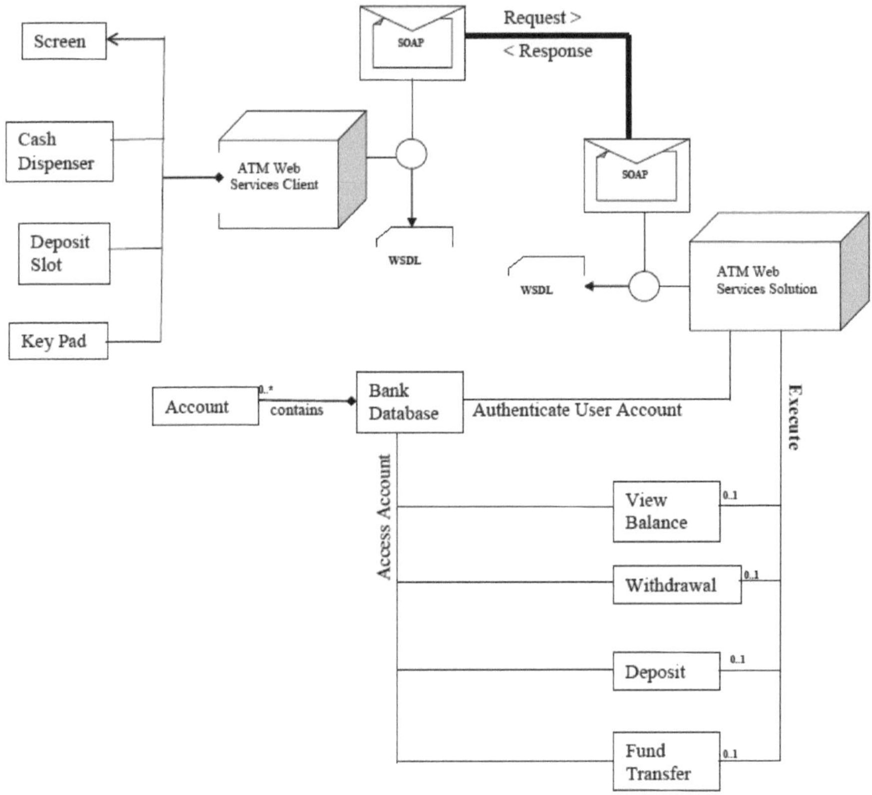

Figura 4.10: Modelo de serviço convencional equivalente para o nosso sistema ATM utilizando UML modificado.

Note-se que a ATM foi substituída no modelo de serviço por dois encaminhadores SOAP - cliente de serviços Web e solução de serviços Web que comunicam de forma SOAP pedido-resposta. Estes, por sua vez, comunicam com objectos backend (lógicos) diretamente como no modelo de objectos e, assim, é mantido o mesmo estado interno que o seu equivalente de objeto. A implicação disto é que o estado lógico de uma solução de serviços Web é basicamente o mesmo que o da sua contraparte de objeto e pode ser modelado da mesma forma; e, por conseguinte, as concepções de serviço são mantidas para a solução de serviços Web. No entanto, é evidente uma diferença significativa durante a comunicação com sistemas externos (serviços Web), quando é necessário executar o ritual de invocação, serialização/desserialização e implementação, conforme explicado anteriormente (ver secção 2.5). Nesta fase, os símbolos de modelação UML revelaram-se inadequados e tivemos de introduzir um para a classe do router SOAP (ver figura 4.11).

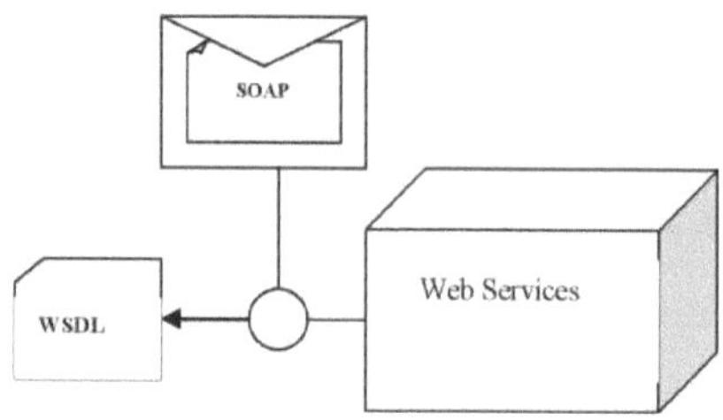

Figura 4.11: Símbolo para modelar a classe SOAP Router

Este símbolo composto agrega símbolos UML, com exceção do símbolo SOAP, que realça o modo de transporte básico dos serviços Web. O uso dos símbolos UML é consistente com suas definições originais (Rumbaugh, Jacobson e Booch, 1999). Observamos que, se considerarmos os serviços Web como objectos distribuídos, tal como defendido por Birman (2004), os serviços Web podem quase ser modelados utilizando UML.

4.2: Implementação da solução de serviços Web utilizando a abordagem sem réplica

O produto de software resultante foi construído utilizando Java EE (Crawford e Farley, 2006; Jendrock et al, 2006) e, em especial, Enterprise Java Bean (EJB) e Java API for XML Web Services (JAX-WS). Esta API de alto nível - JAX-WS - não podia, contudo, lidar com a solução de réplica.

O nosso ambiente de implementação é o Ambiente de Desenvolvimento Integrado NetBeans versão 6.0 (NetBeans 6.0). Os artefactos de código para esta implementação, relatados no apêndice A, consistem em 20 registos de contas (titulares) e têm a sua base de dados construída utilizando Java DB - um Sistema de Gestão de Base de Dados

Relacional (RDBMS) de código aberto. Uma leitura dos conteúdos de Ajuda apropriados (Servidores e bancos de dados em Fundamentos do IDE em Conteúdo de ajuda no menu Ajuda da barra de menu principal) do Netbeans IDE 6.0 ajudará os leitores a apreciar o processo com o qual chegamos ao artefato de banco de dados inicial capturado na Figura 4.12.

O produto de software resultante não é uma solução de serviço de consumo, uma vez que o nosso interesse é verificar o comportamento do desempenho da nossa solução de serviços Web sob diferentes níveis de stress. A ferramenta de teste de desempenho - Apache JMeter - serviu este objetivo. No entanto, para efeitos de teste, criámos códigos toad para consumir as nossas aplicações de serviços Web. Por serem códigos toad, não são objeto de relatório.

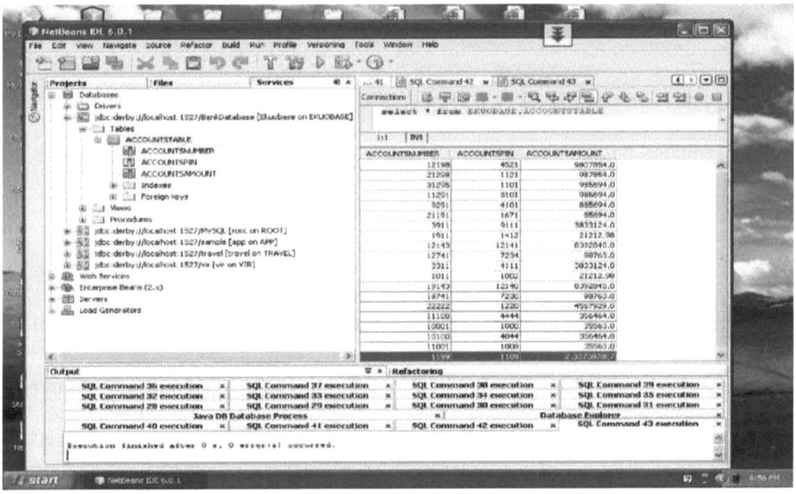

Figura4.12: AccountsTable do BankDatabase no Netbeans

4.3: Implementação da solução de serviços Web utilizando a abordagem de réplica

A Figura 4.13 ilustra a estrutura de implementação de um único serviço Web no âmbito desta implementação, utilizando alguns modelos de programação Java EE de baixo nível: Servlet, EJB, Java Messaging Service (JMS) e SOAP com Attachment API for Java (SAAJ)

(Crawford e Farley, 2006; Jendrock et al, 2006).

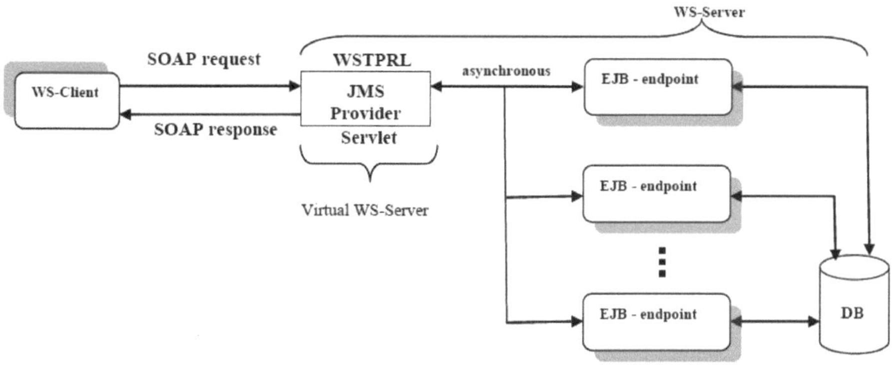

Figura4.13: Implementação ROA de serviços Web utilizando a tecnologia Java

Neste caso, o ponto de extremidade EJB é uma réplica de um serviço - o ponto de extremidade dos serviços Web, para o qual os desenhos UML acima referidos (Figura 4.1 - Figura 4.9) têm um sufixo. Como mostra a Figura 4.13, a WSTPRL (ver Figura 3.7) é implementada como Java Messaging Service (JMS) em Java Servlet. Para além da força de realização, estas API asseguram a portabilidade, o acoplamento flexível e uma sobrecarga muito baixa do servidor WS virtual. Em especial, uma servlet é persistente, ou seja, em vez de ser encerrada no final de cada pedido, a servlet pode permanecer carregada, pronta para tratar pedidos subsequentes. A servlet aceita o pedido do cliente WS e transmite-o (como produtor de mensagens JMS) para o domínio de envio de mensagens JMS (Queue), a partir do qual os pontos de extremidade EJB, que também funcionam como consumidores de mensagens JMS, vão buscar as mensagens de forma assíncrona. Esta recolha por um ponto de extremidade EJB é efectuada logo que não tenha "trabalho em mãos". Claramente, o fornecedor JMS pode tratar qualquer número (crescente) de réplicas de serviço como se fosse apenas uma, ou seja, acomoda sem problemas o crescimento das réplicas. Temos dez soluções deste tipo que diferem na dimensão das suas réplicas entre um e dez.

Esta realização, cuja lógica comercial não é diferente da da implementação sem réplica, é apresentada no apêndice B.

4.4. Avaliação de sistemas

No total, temos 11 sistemas para avaliar a escalabilidade. Estes sistemas são todos aplicações do lado do servidor, pelo que precisamos de um cliente para os consumir. O Apache JMeter desempenhará esse papel. O Apache JMeter não é apenas um gerador de carga, mas também uma ferramenta de teste de carga. Pode tratar qualquer tipo de pedido, desde um pedido HTTP a um pedido SOAP, consoante a forma como o seu plano de teste é preparado. Os elementos do plano de teste incluem ThreadGroup, Controllers, Listeners, Timers, Assertions, Configuration, Pre-processor e Post-processing.

ThreadGroup: Todos os elementos de um plano de teste devem estar sob um grupo de tópicos.
Em particular, o grupo de tópicos permite-nos:

- Definir o número de threads - um thread representa um utilizador ou um pedido.
- Defina o período de aceleração - quanto tempo demora a iniciar e a completar o número de gerações de linhas especificadas e coloque-as em funcionamento. A necessidade de ramp-up não deve ser muito pequena nem muito grande. No nosso caso, utilizámos um aumento de 5 segundos.
- Define o número de vezes que o teste deve ser executado. Definimos este valor como um.

❖ **Controladores:** O JMeter tem dois tipos de controladores: Samplers e Controladores Lógicos.

- Os samplers dizem ao JMeter para enviar um pedido a um servidor. Temos diferentes tipos de samplers, dependendo do pedido que está a enviar. No nosso caso, foi utilizado o sampler SOAP/XML-RPC Request. Basicamente, o sampler exigirá o seu pedido SOAP e o URL do anfitrião de destino.
- Os controladores lógicos permitem personalizar a lógica que o JMeter usa para decidir

quando enviar solicitações. No nosso caso, utilizámos a definição predefinida.

❖ **Ouvintes:** Os ouvintes fornecem acesso às informações que o JMeter reúne sobre o caso de teste enquanto o JMeter é executado. Temos diferentes tipos de ouvintes. O que nos interessa é o ouvinte Graph Result, que plota o tempo de resposta em um gráfico e fornece informações importantes sobre o tempo de resposta em milissegundos e a taxa de transferência por minuto. No entanto, todos os ouvintes salvam os dados, exceto para a exibição visual dos dados.

❖ **Temporizadores:** Os temporizadores são usados para definir o atraso entre os pedidos, caso contrário, o thread do JMeter envia pedidos sem fazer uma pausa entre cada pedido. No nosso caso, definimos o atraso para 10ms.

❖ **Asserções:** Pode ser utilizado para afirmar factos sobre as respostas recebidas da aplicação que está a ser testada. No nosso caso, utilizámos a asserção XML.

❖ **Elementos de configuração:** Os elementos de configuração são utilizados para adicionar ou modificar os pedidos enviados pelos samplers. No nosso caso, isso não foi necessário.

❖ **Elementos pré/pós-processadores:** são utilizados para executar uma ação, ou seja, modificar as definições do pedido ou processar os dados da resposta antes ou depois de um pedido do Sampler ter sido efectuado. Nenhum era aplicável à nossa instância.

A Figura 4.14 mostra um plano de teste típico do JMeter utilizado para testar a carga das nossas soluções de serviços Web.

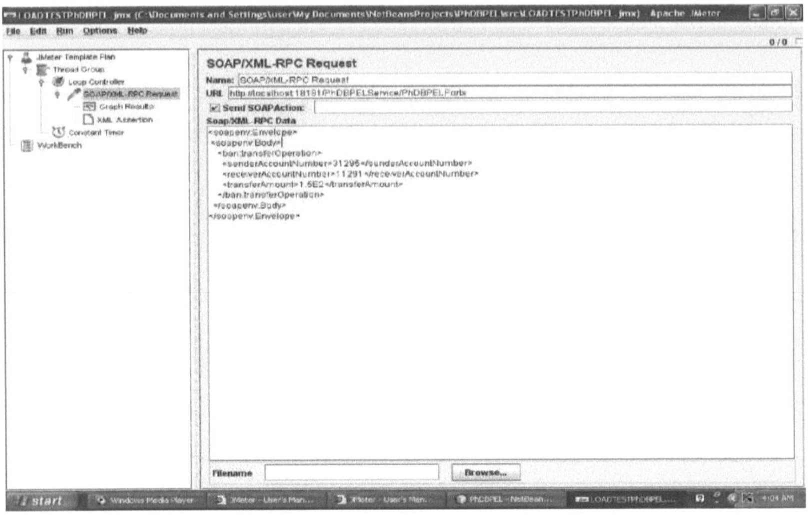

Figura4.14: Um plano de teste típico do Apache JMeter

4.5. Modelo matemático para escalabilidade de software

Não temos conhecimento de nenhum modelo matemático para determinar a escalabilidade do software. Precisamos de um modelo deste género. Considere as seguintes definições:

Taxa de transferência: é o trabalho computacional efectuado por unidade de tempo.

Tempo de resposta: é o tempo de execução do pedido, ou seja, o intervalo de tempo entre o envio de um pedido e a receção de uma resposta.

Escalabilidade: Dizemos que um sistema é escalável (ou seja, pode ser escalado) se mantiver um desempenho constante ou lentamente degradado à medida que o seu tamanho aumenta ou à medida que a sua base de clientes cresce. Por outras palavras, um sistema é modulável se mantiver uma força computacional constante ou que se degrade lentamente à medida que a sua dimensão aumenta ou que a sua base de clientes cresce. Este crescimento pode ser constituído por cargas elevadas sem precedentes, picos de procura súbitos ou um grande aumento do número de utilizadores.

Seja S_{ij} o poder computacional de uma aplicação i para um pedido j por unidade quadrada de tempo.

Então $S_{ij} = K * (T_{ij} / R_{ij})$

Onde k é uma constante que denota a força do servidor e do hardware,

T_{ij} = débito da aplicação por unidade de pedido; T_{ij} é convertido em milissegundos (ms)

R_{ij} = tempo médio de resposta da aplicação para um determinado conjunto de pedidos (amostra) em milissegundos (ms)

i representa a aplicação; no nosso caso, i = 0(1) 10 ; onde i = 0 é para a aplicação realizada pela abordagem convencional; caso contrário, i denota a aplicação realizada pela nossa arquitetura proposta e, em particular, denota o número de réplicas de pontos terminais na aplicação.

j = tamanho da amostra por unidade de tempo; no nosso caso, definimos j para estar no conjunto J = {1,5,10,50,100,150,200,250,300,350,400,450,500,550,600,650,700,750, 800,850,900,950,1000,1100,1200,1300,1400,1500,1600,1700,1800,1900,2000}por ordem.

Uma vez que vamos comparar S_{ij} entre si utilizando o mesmo hardware e software, deixamos k = 1.

Consequentemente, se $| S_{ij} - S_{ij+1} 1< \xi$ para todos os j em J. onde ξ é a tolerância à degradação do utilizador, então dizemos que a aplicação i é escalável. Em particular, ξ deve ser determinado pela investigação e, embora deva ser significativamente insignificante, espera-se que varie de um domínio de aplicação para outro.

4.6. Captura, manipulação, análise e interpretação de dados

Depois de configurar o JMeter conforme indicado acima, executámos o pacote para um número variável de threads (tamanho da amostra) para cada uma das onze aplicações e foram recolhidos os dados valiosos: taxa de transferência e tempo de resposta. A Tabela 4.1 a Tabela 4.11 contém esses dados e os resultados resultantes, incluindo os respectivos S_{ij} 's, a degradação do desempenho e a degradação média do desempenho para cada solução. Cada uma das tabelas refere-se a uma aplicação. Estes dados foram analisados gráfica e estatisticamente.

4.6.1. Representação gráfica

A representação gráfica dos dados ajuda a descrever o padrão de comportamento de cada aplicação ao longo do aumento do pedido, bem como a avaliar se conseguimos melhorar a escalabilidade da solução de serviços Web através da nossa arquitetura proposta - ROA ou não. Para maior clareza e facilidade de interpretação, é apresentado um gráfico 3-D do tamanho da amostra em relação a S_{ij} para cada aplicação. As figuras 4.15 a 4.25 contêm esta informação. O gráfico mostra a taxa de degradação de S_{ij} com o aumento da dimensão da amostra. Obviamente, um gráfico de degradação lenta (mais suave) é mais escalável do que um gráfico de degradação acentuada (mais áspero).

Tabela 4.1: Dados de escalabilidade para a solução de serviços Web criada utilizando a abordagem convencional

Runs Number	Number of Request (sample size)	Throughput in per minute	Per request Throughput in per minutes	Per request Throughput in per ms (T_{ij})	Mid-response of sample size (R_{ij}) in ms	Computational strength per unit request (S_{ij}) in $(ms)^{-2}$	Performance degradation in $(ms)^{-2}$
1	1	14.3301	14.3301	0.003981	4187	9.50701E-07	
2	5	37.9459	7.58918	0.002108	3969	5.31143E-07	
3	10	71.908	7.1908	0.001997	4047	4.93562E-07	3.7581E-08
4	50	335.0832	6.701664	0.001862	4110	4.52938E-07	4.06242E-08
5	100	660.9385	6.609385	0.001836	4125	4.45076E-07	7.86112E-09
6	150	971.2929	6.475286	0.001799	4016	4.47881E-07	2.80468E-09
7	200	1261.034	6.30517	0.001751	4062	4.31176E-07	1.67053E-08
8	250	1283.4774	5.13391	0.001426	4266	3.34291E-07	9.68847E-08
9	300	1178.7427	3.929142	0.001091	4187	2.60671E-07	7.36204E-08
10	350	2232.3462	6.378132	0.001772	4079	4.34347E-07	1.73677E-07
11	400	1737.4937	4.343734	0.001207	4063	2.96971E-07	1.37377E-07
12	450	1410.6583	3.134796	0.000871	4157	2.09472E-07	8.74985E-08
13	500	1330.554	2.661108	0.000739	4391	1.68344E-07	4.11288E-08
14	550	1311.7621	2.385022	0.000663	4125	1.60608E-07	7.73604E-09
15	600	1506.8436	2.511406	0.000698	4203	1.6598E-07	5.37218E-09
16	650	1381.6294	2.125584	0.00059	4297	1.37407E-07	2.85722E-08
17	700	815.1955	1.164565	0.000323	4297	7.52828E-08	6.21247E-08
18	750	1088.4288	1.451238	0.000403	10406	3.87394E-08	3.65435E-08
19	800	1344.9899	1.681237	0.000467	4203	1.11114E-07	7.23742E-08
20	850	2194.9645	2.582311	0.000717	4125	1.73893E-07	6.27794E-08
21	900	1210.1408	1.344601	0.000374	4594	8.13018E-08	9.25913E-08
22	950	1355.1102	1.426432	0.000396	4343	9.12344E-08	9.93266E-09
23	1000	1339.854	1.339854	0.000372	4421	8.4185E-08	7.04946E-09
24	1100	1335.8701	1.214427	0.000337	4344	7.76568E-08	6.5282E-09
25	1200	1400.1789	1.166816	0.000324	4578	7.07985E-08	6.85826E-09
26	1300	1239.287	0.953298	0.000265	4515	5.865E-08	1.21485E-08
27	1400	1534.4622	1.096044	0.000304	4515	6.74323E-08	8.78225E-09
28	1500	1371.1152	0.914077	0.000254	4610	5.50781E-08	1.23541E-08
29	1600	998.2115	0.623882	0.000173	11016	1.57317E-08	3.93464E-08
30	1700	1133.3726	0.66669	0.000185	5266	3.51674E-08	1.94357E-08
31	1800	1319.3418	0.732968	0.000204	6906	2.94819E-08	5.6855E-09
32	1900	1341.9184	0.706273	0.000196	6438	3.04733E-08	9.9135E-10
33	2000	1405.3003	0.70265	0.000195	5828	3.34902E-08	3.01688E-09
							$\bar{x}$ = 3.92253E-08

Tabela 4.2: Dados de escalabilidade para a solução de serviços Web com uma réplica construída utilizando a abordagem proposta

Runs Number	Number of Request (sample size)	Throughput in per minute	Per request Throughput in per minutes	Per request Throughput in per ms (T_{ij})	Mid-response of sample size (R_{ij}) in ms	Computational strength per unit request (S_{ij}) in $(ms)^{-2}$	Performance degradation in $(ms)^{-2}$
1	1	14.2214	14.2214	0.00395	4219	9.36333E-07	
2	5	38.4764	7.69528	0.002138	4188	5.10405E-07	
3	10	70.3317	7.03317	0.001954	3985	4.90253E-07	2.01524E-08
4	50	338.6387	6.772774	0.001881	4078	4.61335E-07	2.89175E-08
5	100	661.1018	6.611018	0.001836	4157	4.41759E-07	1.95761E-08
6	150	897.2186	5.9814573	0.001662	4062	4.09039E-07	3.27205E-08
7	200	1284.3638	6.421819	0.001784	4063	4.39045E-07	3.00058E-08
8	250	1313.3701	5.2534804	0.001459	4391	3.32339E-07	1.06706E-07
9	300	1298.7013	4.3290043	0.001203	4218	2.85088E-07	4.72509E-08
10	350	1176.8662	3.3624749	0.000934	4328	2.15809E-07	6.92791E-08
11	400	2473.4618	6.1836545	0.001718	4079	4.21104E-07	2.05295E-07
12	450	2095.8037	4.6573416	0.001294	5031	2.57147E-07	1.63957E-07
13	500	1609.954	3.219908	0.000894	4516	1.98056E-07	5.90913E-08
14	550	1685.5654	3.0646644	0.000851	4188	2.0327E-07	5.21466E-09
15	600	2241.3149	3.7355248	0.001038	4390	2.36366E-07	3.30956E-08
16	650	1844.4898	2.8376766	0.000788	4235	1.86126E-07	5.02398E-08
17	700	1989.5784	2.8422549	0.00079	4203	1.87846E-07	1.71967E-09
18	750	1189.9592	1.5866123	0.000441	6515	6.76478E-08	1.20198E-07
19	800	1349.1484	1.6864355	0.000468	4281	1.09426E-07	4.17785E-08
20	850	1437.8753	1.691618	0.00047	4265	1.10174E-07	7.48043E-10
21	900	1573.0599	1.7478443	0.000486	4485	1.08252E-07	1.92195E-09
22	950	1126.9722	1.1862865	0.00033	4406	7.47898E-08	3.34626E-08
23	1000	1484.928	1.484928	0.000412	4250	9.70541E-08	2.22643E-08
24	1100	1211.3848	1.1012589	0.000306	16672	1.83484E-08	7.87057E-08
25	1200	1352.1711	1.1268093	0.000313	4547	6.88372E-08	5.04887E-08
26	1300	1221.0341	0.939257	0.000261	4828	5.40399E-08	1.47972E-08
27	1400	1409.9164	1.0070831	0.00028	4782	5.84996E-08	4.45973E-09
28	1500	1284.2832	0.8561888	0.000238	4859	4.89463E-08	9.55332E-09
29	1600	1360.8142	0.8505089	0.000236	6266	3.77039E-08	1.12425E-08
30	1700	1466.2967	0.8625275	0.00024	6000	3.99318E-08	2.22795E-09
31	1800	1106.1041	0.6145023	0.000171	5891	2.89756E-08	1.09563E-08
32	1900	1331.6201	0.7008527	0.000195	6437	3.02441E-08	1.26854E-09
33	2000	1253.6696	0.6268348	0.000174	4844	3.59457E-08	5.70156E-09
							$\bar{x}$ = 4.13869E-08

Tabela 4.3: Dados de escalabilidade para a solução de serviços Web com duas réplicas construídas utilizando a abordagem proposta

Runs Number	Number of Request (sample size)	Throughput in per minute	Per request Throughput in per minutes	Per request Throughput in per ms (T_{ij})	Mid-response of sample size (R_{ij}) in ms	Computational strength per unit request (S_{ij}) in $(ms)^{-2}$	Performance degradation in $(ms)^{-2}$
1	1	14.7674	14.7674	0.004102	4063	1.00961E-06	
2	5	37.7977	7.55954	0.0021	4078	5.14927E-07	
3	10	70.0689	7.00689	0.001946	4141	4.70021E-07	4.49056E-08
4	50	335.6831	6.713662	0.001865	4156	4.48726E-07	2.12951E-08
5	100	614.4393	6.144393	0.001707	4140	4.12265E-07	3.64615E-08
6	150	972.973	6.4864867	0.001802	4031	4.46986E-07	3.47216E-08
7	200	1151.4105	5.7570525	0.001599	4032	3.96622E-07	5.0364E-08
8	250	1559.8246	6.2392984	0.001733	4218	4.10891E-07	1.42687E-08
9	300	1363.2233	4.5440777	0.001262	4172	3.02551E-07	1.0834E-07
10	350	1885.0987	5.3859963	0.001496	4078	3.66873E-07	6.43222E-08
11	400	1184.3079	2.9607698	0.000822	4141	1.98608E-07	1.68265E-07
12	450	1441.1529	3.202562	0.00089	4125	2.15661E-07	1.70527E-08
13	500	1441.4068	2.8828136	0.000801	4375	1.83036E-07	3.2625E-08
14	550	1317.7548	2.3959178	0.000666	4156	1.60138E-07	2.2898E-08
15	600	3674.4709	6.1241182	0.001701	4125	4.12399E-07	2.52261E-07
16	650	1539.7979	2.3689198	0.000658	4234	1.55416E-07	2.56982E-07
17	700	1664.421	2.3777443	0.00066	4406	1.49906E-07	5.51076E-09
18	750	1947.2933	2.5963911	0.000721	4265	1.69102E-07	1.91962E-08
19	800	1410.4787	1.7630984	0.00049	4297	1.13975E-07	5.51272E-08
20	850	1153.5024	1.3570616	0.000377	12687	2.97124E-08	8.42623E-08
21	900	1549.1216	1.7212462	0.000478	4235	1.12898E-07	8.31858E-08
22	950	1435.6598	1.5112208	0.00042	4437	9.46098E-08	1.82884E-08
23	1000	1459.4674	1.4594674	0.000405	4297	9.43467E-08	2.63111E-10
24	1100	1432.8203	1.3025639	0.000362	4610	7.84866E-08	1.586E-08
25	1200	1340.3079	1.1169233	0.00031	4406	7.04168E-08	8.06981E-09
26	1300	1435.301	1.1040777	0.000307	4781	6.41473E-08	6.26951E-09
27	1400	1195.2021	0.8537158	0.000237	4953	4.78787E-08	1.62686E-08
28	1500	1184.6938	0.7897959	0.000219	5406	4.05823E-08	7.29645E-09
29	1600	1231.7483	0.7698427	0.000214	5375	3.97852E-08	7.97116E-10
30	1700	1152.5548	0.6779734	0.000188	6485	2.90402E-08	1.07449E-08
31	1800	1282.3742	0.7124301	0.000198	5188	3.81452E-08	9.10495E-09
32	1900	1275.0822	0.6710959	0.000186	6422	2.90276E-08	9.11755E-09
33	2000	1176.2976	0.5881488	0.000163	7859	2.07882E-08	8.23942E-09
							$\bar{x}$ = 4.78182E-08

Tabela 4.4: Dados de escalabilidade para a solução de serviços Web com três réplicas construídas utilizando a abordagem proposta

Runs Number	Number of Request (sample size)	Throughput in per minute	Per request Throughput in per minutes	Per request Throughput in per ms (T_{ij})	Mid-response of sample size (R_{ij}) in ms	Computational strength per unit request (S_{ij}) in $(ms)^{-2}$	Performance degradation in $(ms)^{-2}$
1	1	13.9147	13.9147	0.003865	4312	8.96381E-07	
2	5	38.018	7.6036	0.002112	3890	5.42959E-07	
3	10	71.5052	7.15052	0.001986	4125	4.81516E-07	6.14427E-08
4	50	332.7418	6.654836	0.001849	4110	4.49773E-07	3.17439E-08
5	100	653.0968	6.530968	0.001814	4156	4.36515E-07	1.32573E-08
6	150	763.871	5.092473	0.001415	4157	3.40288E-07	9.62277E-08
7	200	1154.8455	5.774228	0.001604	4079	3.93222E-07	5.29342E-08
8	250	1602.7353	6.410941	0.001781	4203	4.23701E-07	3.04795E-08
9	300	1046.3291	3.487764	0.000969	6969	1.39019E-07	2.84682E-07
10	350	1611.5417	4.604405	0.001279	3985	3.20954E-07	1.81935E-07
11	400	1485.5162	3.713791	0.001032	4125	2.50087E-07	7.0867E-08
12	450	1114.8732	2.477496	0.000688	4156	1.6559E-07	8.44966E-08
13	500	1712.7198	3.42544	0.000952	4640	2.05067E-07	3.94767E-08
14	550	1558.6624	2.833932	0.000787	4188	1.87966E-07	1.71006E-08
15	600	1764.187	2.940312	0.000817	4250	1.92177E-07	4.21085E-09
16	650	1028.5898	1.582446	0.00044	7344	5.98541E-08	1.32323E-07
17	700	1852.587	2.646553	0.000735	4156	1.7689E-07	1.17036E-07
18	750	1535.5703	2.047427	0.000569	4375	1.29995E-07	4.68943E-08
19	800	1384.055	1.730069	0.000481	4250	1.13076E-07	1.6919E-08
20	850	2022.365	2.379253	0.000661	4250	1.55507E-07	4.24303E-08
21	900	1310.5842	1.456205	0.000405	4218	9.58988E-08	5.96079E-08
22	950	1503.2212	1.582338	0.00044	6172	7.12149E-08	2.46839E-08
23	1000	2019.0656	2.019066	0.000561	4390	1.27757E-07	5.65417E-08
24	1100	1535.4551	1.395868	0.000388	4328	8.9589E-08	3.81676E-08
25	1200	1621.7313	1.351443	0.000375	4547	8.25601E-08	7.0289E-09
26	1300	2714.2409	2.087878	0.00058	4797	1.20902E-07	3.83417E-08
27	1400	1230.7377	0.879098	0.000244	5547	4.40227E-08	7.68791E-08
28	1500	1037.0814	0.691388	0.000192	5985	3.20889E-08	1.19338E-08
29	1600	1226.5863	0.766616	0.000213	5438	3.91594E-08	7.07053E-09
30	1700	1147.4044	0.674944	0.000187	5110	3.66897E-08	2.46973E-09
31	1800	1029.1889	0.571772	0.000159	5500	2.88774E-08	7.81235E-09
32	1900	1055.712	0.555638	0.000154	5141	3.00221E-08	1.14479E-09
33	2000	1255.5191	0.62776	0.000174	7047	2.47449E-08	5.2772E-09
							$\bar{x}$ = 5.35941E-08

Tabela 4.5: Dados de escalabilidade para a solução de serviços Web com quatro réplicas criadas utilizando a abordagem proposta

Runs Number	Number of Request (sample size)	Throughput in per minute	Per request Throughput in per minutes	Per request Throughput in per ms (T_{ij})	Mid-response of sample size (R_{ij}) in ms	Computational strength per unit request (S_{ij}) in $(ms)^{-2}$	Performance degradation in $(ms)^{-2}$
1	1	13.9114	13.9114	0.003864	4313	8.95961E-07	
2	5	37.6459	7.52918	0.002091	4031	5.18839E-07	
3	10	70.713	7.0713	0.001964	4078	4.8167E-07	3.71688E-08
4	50	338.6001	6.772002	0.001881	4125	4.56027E-07	2.56429E-08
5	100	676.0563	6.760563	0.001878	4157	4.51752E-07	4.27481E-09
6	150	986.7979	6.578653	0.001827	4125	4.43007E-07	8.74535E-09
7	200	1254.8363	6.274182	0.001743	4047	4.30647E-07	1.236E-08
8	250	1041.0959	4.164384	0.001157	4313	2.68206E-07	1.62441E-07
9	300	1237.3685	4.124562	0.001146	4063	2.81987E-07	1.37804E-08
10	350	1982.2541	5.663583	0.001573	4094	3.84274E-07	1.02287E-07
11	400	1708.6715	4.271679	0.001187	4172	2.84415E-07	9.98594E-08
12	450	1647.319	3.660709	0.001017	4047	2.51264E-07	3.3151E-08
13	500	3189.4535	6.378907	0.001772	4343	4.07994E-07	1.56731E-07
14	550	1117.0814	2.031057	0.000564	8218	6.8652E-08	3.39342E-07
15	600	2400	4	0.001111	4250	2.61438E-07	1.92786E-07
16	650	1799.557	2.768549	0.000769	4188	1.8363E-07	7.78081E-08
17	700	1409.5379	2.013626	0.000559	4172	1.3407E-07	4.95597E-08
18	750	1697.0886	2.262785	0.000629	4203	1.49548E-07	1.54782E-08
19	800	1650.7325	2.063416	0.000573	4250	1.34864E-07	1.46845E-08
20	850	1061.4607	1.248777	0.000347	4406	7.87296E-08	5.61342E-08
21	900	1538.7246	1.709694	0.000475	4313	1.10112E-07	3.13829E-08
22	950	1443.038	1.518987	0.000422	4235	9.96319E-08	1.04806E-08
23	1000	1448.7977	1.448798	0.000402	4438	9.06813E-08	8.95052E-09
24	1100	1453.0404	1.320946	0.000367	4453	8.24005E-08	8.28085E-09
25	1200	1677.4614	1.397885	0.000388	4484	8.65971E-08	4.19657E-09
26	1300	1407.3833	1.082603	0.000301	4844	6.20815E-08	2.45155E-08
27	1400	1147.7318	0.819808	0.000228	4750	4.7942E-08	1.41395E-08
28	1500	1087.7163	0.725144	0.000201	5844	3.44676E-08	1.34744E-08
29	1600	1535.6069	0.959754	0.000267	7063	3.77458E-08	3.27813E-09
30	1700	1629.499	0.958529	0.000266	5203	5.11739E-08	1.34282E-08
31	1800	1591.1602	0.883978	0.000246	4593	5.34617E-08	2.28772E-09
32	1900	1433.6918	0.754575	0.00021	5297	3.95703E-08	1.38913E-08
33	2000	1134.7518	0.567376	0.000158	5734	2.74859E-08	1.20844E-08
							$\bar{x}$ = 5.04072E-08

Tabela 4.6: Dados de escalabilidade para a solução de serviços Web com cinco réplicas criadas utilizando a abordagem proposta

Runs Number	Number of Request (sample size)	Throughput in per minute	Per request Throughput in per minutes	Per request Throughput in per ms (T_{ij})	Mid-response of sample size (R_{ij}) in ms	Computational strength per unit request (S_{ij}) in $(ms)^{-2}$	Performance degradation in $(ms)^{-2}$
1	1	14.6021	14.6021	0.004056	4109	9.87135E-07	
2	5	37.3506	7.47012	0.002075	4078	5.08836E-07	
3	10	71.1069	7.11069	0.001975	4094	4.8246E-07	2.63759E-08
4	50	335.6831	6.713662	0.001865	4094	4.55522E-07	2.69383E-08
5	100	651.9613	6.519613	0.001811	4156	4.35756E-07	1.97654E-08
6	150	981.6361	6.544241	0.001818	4062	4.47525E-07	1.17681E-08
7	200	992.2276	4.961138	0.001378	4078	3.37934E-07	1.09591E-07
8	250	1040.0777	4.160311	0.001156	4375	2.64147E-07	7.3787E-08
9	300	1333.9321	4.44644	0.001235	4141	2.98267E-07	3.412E-08
10	350	1286.1342	3.674669	0.001021	4094	2.49326E-07	4.89405E-08
11	400	1171.6462	2.929116	0.000814	4188	1.9428E-07	5.50465E-08
12	450	1394.6884	3.099308	0.000861	4219	2.04058E-07	9.77789E-09
13	500	1606.4214	3.212843	0.000892	4500	1.98324E-07	5.73391E-09
14	550	1909.6117	3.472021	0.000964	4204	2.29413E-07	3.10889E-08
15	600	1343.434	2.239057	0.000622	4219	1.47419E-07	8.19937E-08
16	650	1396.7568	2.148857	0.000597	4218	1.41514E-07	5.9052E-09
17	700	1451.7134	2.073876	0.000576	4265	1.35071E-07	6.44291E-09
18	750	1389.9614	1.853282	0.000515	4172	1.23394E-07	1.16766E-08
19	800	2019.777	2.524721	0.000701	4516	1.55295E-07	3.19007E-08
20	850	2101.7927	2.472697	0.000687	4250	1.61614E-07	6.31937E-09
21	900	1855.0964	2.061218	0.000573	4203	1.36227E-07	2.53876E-08
22	950	1706.2803	1.796085	0.000499	4281	1.16541E-07	1.96856E-08
23	1000	1437.1257	1.437126	0.000399	4375	9.12461E-08	2.5295E-08
24	1100	1381.3022	1.255729	0.000349	4422	7.88814E-08	1.23646E-08
25	1200	1666.5124	1.38876	0.000386	4375	8.81753E-08	9.29383E-09
26	1300	1516.8605	1.166816	0.000324	4438	7.30319E-08	1.51434E-08
27	1400	1090.4701	0.778907	0.000216	4687	4.61624E-08	2.68695E-08
28	1500	1230.4704	0.820314	0.000228	6688	3.40707E-08	1.20917E-08
29	1600	1140.0884	0.712555	0.000198	4782	4.13911E-08	7.32035E-09
30	1700	1055.2779	0.620752	0.000172	5922	2.9117E-08	1.2274E-08
31	1800	1246.9836	0.692769	0.000192	4765	4.03853E-08	1.12682E-08
32	1900	1104.7796	0.581463	0.000162	6906	2.3388E-08	1.69973E-08
33	2000	1166.4642	0.583232	0.000162	5875	2.7576E-08	4.18799E-09
							$\bar{x}$ = 2.56565E-08

Tabela 4.7: Dados de escalabilidade para a solução de serviços Web com seis réplicas criadas utilizando a abordagem proposta

Runs Number	Number of Request (sample size)	Throughput in per minute	Per request Throughput in per minutes	Per request Throughput in per ms (T_{ij})	Mid-response of sample size (R_{ij}) in ms	Computational strength per unit request (S_{ij}) in $(ms)^{-2}$	Performance degradation in $(ms)^{-2}$
1	1	13.9147	13.9147	0.003865	4312	8.96381E-07	
2	5	36.5052	7.30104	0.002028	4125	4.91653E-07	
3	10	69.8162	6.98162	0.001939	4141	4.68326E-07	2.33263E-08
4	50	341.0253	6.820506	0.001895	4079	4.64473E-07	3.85331E-09
5	100	655.308	6.55308	0.00182	4094	4.44626E-07	1.98466E-08
6	150	976.3506	6.509004	0.001808	4047	4.46765E-07	2.1384E-09
7	200	1141.1183	5.705592	0.001585	4125	3.84215E-07	6.25498E-08
8	250	1533.5855	6.134342	0.001704	4234	4.02453E-07	1.82376E-08
9	300	1336.5013	4.455004	0.001238	4828	2.56318E-07	1.46135E-07
10	350	1437.4701	4.107057	0.001141	4031	2.83019E-07	2.67014E-08
11	400	1964.1542	4.910386	0.001364	4875	2.79794E-07	3.22488E-09
12	450	1807.5919	4.016871	0.001116	4282	2.60579E-07	1.92155E-08
13	500	1505.8729	3.011746	0.000837	4328	1.93299E-07	6.728E-08
14	550	1547.2618	2.813203	0.000781	6687	1.1686E-07	7.64382E-08
15	600	1331.9474	2.219912	0.000617	4203	1.46715E-07	2.98544E-08
16	650	1411.406	2.171394	0.000603	4219	1.42964E-07	3.75084E-09
17	700	1031.0544	1.472935	0.000409	4281	9.55731E-08	4.73908E-08
18	750	1991.6792	2.655572	0.000738	4313	1.71032E-07	7.54584E-08
19	800	1389.6911	1.737114	0.000483	4218	1.14398E-07	5.66333E-08
20	850	2238.6094	2.633658	0.000732	4250	1.72135E-07	5.77363E-08
21	900	1565.2174	1.73913	0.000483	4187	1.15379E-07	5.67555E-08
22	950	2162.2857	2.27609	0.000632	4140	1.52717E-07	3.73378E-08
23	1000	1212.1212	1.212121	0.000337	4359	7.72426E-08	7.54742E-08
24	1100	1192.8645	1.084422	0.000301	4390	6.86169E-08	8.62561E-09
25	1200	1302.0815	1.085068	0.000301	4313	6.98836E-08	1.2666E-09
26	1300	1222.628	0.940483	0.000261	4672	5.59172E-08	1.39663E-08
27	1400	1310.8819	0.936344	0.00026	4859	5.35286E-08	2.3886E-09
28	1500	1397.8879	0.931925	0.000259	4344	5.95921E-08	6.06348E-09
29	1600	1639.7083	1.024818	0.000285	4688	6.07235E-08	1.13135E-09
30	1700	1207.7581	0.710446	0.000197	5453	3.61904E-08	2.45331E-08
31	1800	1195.7991	0.664333	0.000185	8484	2.17512E-08	1.44392E-08
32	1900	1116.6931	0.587733	0.000163	5469	2.98518E-08	8.10058E-09
33	2000	1051.3405	0.52567	0.000146	5219	2.79784E-08	1.8733E-09
							$\bar{x}$ = 3.19912E-08

Tabela 4.8: Dados de escalabilidade para a solução de serviços Web com sete réplicas criadas utilizando a abordagem proposta

Runs Number	Number of Request (sample size)	Throughput in per minute	Per request Throughput in per minutes	Per request Throughput in per ms (T_{ij})	Mid-response of sample size (R_{ij}) in ms	Computational strength per unit request (S_{ij}) in $(ms)^{-2}$	Performance degradation in $(ms)^{-2}$
1	1	14.171	14.171	0.00393639	4234	9.29709E-07	
2	5	38.0228	7.60456	0.00211238	4172	5.06323E-07	
3	10	70.2	7.02	0.00195	4047	4.81838E-07	2.44842E-08
4	50	331.6016	6.632032	0.00184223	4094	4.49983E-07	3.18552E-08
5	100	666.6667	6.666667	0.00185185	4125	4.48934E-07	1.04937E-09
6	150	963.2281	6.421521	0.00178376	4078	4.37409E-07	1.15244E-08
7	200	1036.4484	5.182242	0.00143951	4297	3.35004E-07	1.02406E-07
8	250	1538.4615	6.153846	0.0017094	4266	4.00704E-07	6.56997E-08
9	300	1932.7821	6.442607	0.00178961	4047	4.42207E-07	4.15037E-08
10	350	1404.4005	4.012573	0.0011146	4172	2.67163E-07	1.75044E-07
11	400	1526.8147	3.817037	0.00106029	4218	2.51372E-07	1.57907E-08
12	450	1648.3113	3.662914	0.00101748	4078	2.49504E-07	1.86851E-09
13	500	1259.023	2.518046	0.00069946	4453	1.57076E-07	9.24282E-08
14	550	1452.5287	2.640961	0.0007336	4172	1.75839E-07	1.87635E-08
15	600	1502.9433	2.504906	0.00069581	4875	1.4273E-07	3.31094E-08
16	650	2008.0321	3.08928	0.00085813	4110	2.08792E-07	6.60619E-08
17	700	1917.1954	2.738851	0.00076079	4750	1.60167E-07	4.86249E-08
18	750	2004.1865	2.672249	0.00074229	4265	1.74043E-07	1.38758E-08
19	800	1516.3002	1.895375	0.00052649	4375	1.20341E-07	5.37012E-08
20	850	1791.4852	2.10763	0.00058545	4343	1.34804E-07	1.44625E-08
21	900	1526.5186	1.696132	0.00047115	4375	1.07691E-07	2.71128E-08
22	950	1367.8249	1.439816	0.00039995	4375	9.14169E-08	1.6274E-08
23	1000	1289.4482	1.289448	0.00035818	4312	8.30659E-08	8.35099E-09
24	1100	1317.5231	1.197748	0.00033271	4563	7.29143E-08	1.01516E-08
25	1200	1242.0432	1.035036	0.00028751	4750	6.05284E-08	1.23859E-08
26	1300	1128.3928	0.867994	0.00024111	4657	5.17736E-08	8.75484E-09
27	1400	1106.6319	0.790451	0.00021957	4781	4.59255E-08	5.84808E-09
28	1500	1084.7425	0.723162	0.00020088	5515	3.6424E-08	9.50152E-09
29	1600	1237.2091	0.773256	0.00021479	4328	4.96288E-08	1.32048E-08
30	1700	956.6172	0.562716	0.00015631	5312	2.94258E-08	2.02029E-08
31	1800	1028.1034	0.571169	0.00015866	5062	3.13429E-08	1.91711E-09
32	1900	1159.5618	0.610296	0.00016953	5313	3.19079E-08	5.64948E-10
33	2000	1133.9047	0.566952	0.00015749	7250	2.17223E-08	1.01856E-08
							$\bar{x}$ = 3.08616E-08

Tabela 4.9: Dados de escalabilidade para a solução de serviços Web com oito réplicas criadas utilizando a abordagem proposta

Runs Number	Number of Request (sample size)	Throughput in per minute	Per request Throughput in per minutes	Per request Throughput in per ms (T_{ij})	Mid-response of sample size (R_{ij}) in ms	Computational strength per unit request (S_{ij}) in $(ms)^{-2}$	Performance degradation in $(ms)^{-2}$
1	1	14.6592	14.6592	0.004072	4093	9.94869E-07	
2	5	36.8505	7.3701	0.002047	4016	5.09773E-07	
3	10	70.3235	7.03235	0.001953	4125	4.73559E-07	3.62145E-08
4	50	331.6383	6.632766	0.001842	4172	4.41619E-07	3.19398E-08
5	100	651.0907	6.510907	0.001809	4141	4.36751E-07	4.86828E-09
6	150	825.2338	5.501559	0.001528	4047	3.77616E-07	5.91352E-08
7	200	1275.7814	6.378907	0.001772	4047	4.37835E-07	6.02194E-08
8	250	1456.735	5.82694	0.001619	4312	3.7537E-07	6.24853E-08
9	300	1099.2366	3.664122	0.001018	4375	2.32643E-07	1.42727E-07
10	350	1367.1875	3.90625	0.001085	4110	2.64007E-07	3.13645E-08
11	400	1319.5514	3.298879	0.000916	4141	2.21288E-07	4.27188E-08
12	450	1848.1758	4.107057	0.001141	4172	2.73454E-07	5.21654E-08
13	500	2670.227	5.340454	0.001483	4391	3.37841E-07	6.43871E-08
14	550	1422.2299	2.585873	0.000718	4266	1.68377E-07	1.69464E-07
15	600	2249.7055	3.749509	0.001042	4203	2.47806E-07	7.9429E-08
16	650	1264.159	1.94486	0.00054	4172	1.29492E-07	1.18315E-07
17	700	1631.068	2.330097	0.000647	4141	1.56303E-07	2.6811E-08
18	750	1648.5328	2.198044	0.000611	4187	1.45825E-07	1.0478E-08
19	800	2022.4151	2.528019	0.000702	4234	1.65854E-07	2.00298E-08
20	850	1356.1578	1.59548	0.000443	4312	1.0278E-07	6.3074E-08
21	900	1463.1767	1.625752	0.000452	4406	1.02496E-07	2.84255E-10
22	950	1432.8448	1.508258	0.000419	4438	9.4403E-08	8.09309E-09
23	1000	2024.0767	2.024077	0.000562	4203	1.33772E-07	3.9369E-08
24	1100	1337.3465	1.21577	0.000338	5219	6.47085E-08	6.90634E-08
25	1200	1256.6103	1.047175	0.000291	4594	6.33178E-08	1.39071E-09
26	1300	1216.3301	0.935639	0.00026	4844	5.36539E-08	9.66389E-09
27	1400	1170.9928	0.836423	0.000232	5031	4.61816E-08	7.47228E-09
28	1500	1502.73	1.00182	0.000278	4719	5.89708E-08	1.27892E-08
29	1600	1348.2578	0.842661	0.000234	4812	4.86435E-08	1.03273E-08
30	1700	1416.3716	0.83316	0.000231	5344	4.33071E-08	5.33638E-09
31	1800	1517.7706	0.843206	0.000234	6328	3.70139E-08	6.29324E-09
32	1900	1243.1436	0.654286	0.000182	6891	2.63744E-08	1.06395E-08
33	2000	1505.8918	0.752946	0.000209	5078	4.11878E-08	1.48134E-08
							$\bar{x}$ = 4.1011E-08

Tabela 4.10: Dados de escalabilidade para a solução de serviços Web com nove réplicas criadas utilizando a abordagem proposta

Runs Number	**Number of Request (sample size)**	**Throughput in per minute**	**Per request Throughput in per minutes**	**Per request Throughput in per ms (T_{ij})**	**Mid-response of sample size (R_{ij}) in ms**	**Computational strength per unit request (S_{ij}) in $(ms)^{-2}$**	**Performance degradation in $(ms)^{-2}$**
1	1	14.4335	14.4335	0.004009	4157	9.64471E-07	
2	5	37.281	7.4562	0.002071	4094	5.05903E-07	
3	10	71.242	7.1242	0.001979	4078	4.85273E-07	2.06297E-08
4	50	333.3333	6.666666	0.001852	4094	4.52333E-07	3.29402E-08
5	100	651.8905	6.518905	0.001811	4125	4.38984E-07	1.33496E-08
6	150	953.3267	6.355511	0.001765	4047	4.36229E-07	2.75424E-09
7	200	1321.8771	6.609386	0.001836	4109	4.4681E-07	1.05803E-08
8	250	1130.7953	4.523181	0.001256	4407	2.85101E-07	1.61709E-07
9	300	1955.884	6.519613	0.001811	4062	4.4584E-07	1.6074E-07
10	350	1410.3425	4.02955	0.001119	4250	2.63369E-07	1.82471E-07
11	400	1699.115	4.247788	0.00118	4047	2.91559E-07	2.81901E-08
12	450	1453.3319	3.229626	0.000897	4203	2.13447E-07	7.81122E-08
13	500	2935.708	5.871416	0.001631	4328	3.76837E-07	1.63389E-07
14	550	1434.3372	2.607886	0.000724	5766	1.25635E-07	2.51201E-07
15	600	1656.3909	2.760652	0.000767	4312	1.7784E-07	5.22051E-08
16	650	2296.2789	3.532737	0.000981	4156	2.3612E-07	5.82799E-08
17	700	1326.0924	1.894418	0.000526	4141	1.27077E-07	1.09043E-07
18	750	1433.3934	1.911191	0.000531	4265	1.24475E-07	2.60218E-09
19	800	1541.0526	1.926316	0.000535	4141	1.29217E-07	4.74189E-09
20	850	1712.2689	2.014434	0.00056	4203	1.33135E-07	3.91764E-09
21	900	1317.0732	1.463415	0.000407	4734	8.5869E-08	4.72656E-08
22	950	2217.64	2.334358	0.000648	4281	1.51468E-07	6.55985E-08
23	1000	1462.8794	1.462879	0.000406	4625	8.78606E-08	6.3607E-08
24	1100	1758.5463	1.598678	0.000444	4390	1.01157E-07	1.32959E-08
25	1200	1278.2275	1.06519	0.000296	4672	6.33318E-08	3.78248E-08
26	1300	2080	1.6	0.000444	4454	9.97855E-08	3.64537E-08
27	1400	1326.0924	0.947209	0.000263	4828	5.44974E-08	4.5288E-08
28	1500	1564.782	1.043188	0.00029	4765	6.08131E-08	6.31568E-09
29	1600	1323.8458	0.827404	0.00023	6187	3.71479E-08	2.36652E-08
30	1700	1482.9387	0.872317	0.000242	177765	1.36309E-09	3.57849E-08
31	1800	1241.3793	0.689655	0.000192	6375	3.00503E-08	2.86872E-08
32	1900	1452.803	0.764633	0.000212	6109	3.47681E-08	4.71773E-09
33	2000	1713.4286	0.856714	0.000238	13859	1.71712E-08	1.75968E-08
							$\bar{x}$ =5.68696E-08

Tabela 4.11: Dados de escalabilidade para a solução de serviços Web com dez réplicas criadas utilizando a abordagem proposta

Runs Number	Number of Request (sample size)	Throughput in per minute	Per request Throughput in per minutes	Per request Throughput in per ms (T_{ij})	Mid-response of sample size (R_{ij}) in ms	Computational strength per unit request (S_{ij}) in $(ms)^{-2}$	Performance degradation in $(ms)^{-2}$
1	1	14.2755	14.2755	0.003965	4203	9.43473E-07	
2	5	38.4763	7.69526	0.002138	4078	5.24172E-07	
3	10	71.242	7.1242	0.001979	4031	4.90931E-07	3.32403E-08
4	50	332.1891	6.643782	0.001845	4094	4.5078E-07	4.0151E-08
5	100	649.7726	6.497726	0.001805	4234	4.26293E-07	2.44876E-08
6	150	971.2929	6.475286	0.001799	4140	4.34466E-07	8.17348E-09
7	200	1101.8272	5.509136	0.00153	4219	3.6272E-07	7.17463E-08
8	250	1046.8281	4.187312	0.001163	4344	2.67758E-07	9.49616E-08
9	300	1531.9149	5.106383	0.001418	4078	3.47827E-07	8.00689E-08
10	350	2021.1742	5.774783	0.001604	4109	3.90389E-07	4.25612E-08
11	400	1266.2903	3.165726	0.000879	4110	2.13958E-07	1.7643E-07
12	450	1339.5515	2.976781	0.000827	4172	1.98198E-07	1.57598E-08
13	500	1638.27	3.27654	0.00091	4375	2.08034E-07	9.83591E-09
14	550	1346.9388	2.44898	0.00068	4203	1.61854E-07	4.61803E-08
15	600	1691.6498	2.819416	0.000783	4218	1.85674E-07	2.38196E-08
16	650	1386.6667	2.133333	0.000593	4234	1.3996E-07	4.57131E-08
17	700	1559.1937	2.22742	0.000619	4235	1.46099E-07	6.13816E-09
18	750	1525.4237	2.033898	0.000565	4328	1.30539E-07	1.55599E-08
19	800	1252.8385	1.566048	0.000435	4187	1.03896E-07	2.66426E-08
20	850	1523.7981	1.792704	0.000498	4140	1.20283E-07	1.63872E-08
21	900	2002.8853	2.225428	0.000618	4219	1.46522E-07	2.62382E-08
22	950	1945.6581	2.048061	0.000569	4312	1.31936E-07	1.45861E-08
23	1000	1421.6662	1.421666	0.000395	4438	8.89832E-08	4.29523E-08
24	1100	1405.7903	1.277991	0.000355	4422	8.02799E-08	8.7033E-09
25	1200	1372.2388	1.143532	0.000318	4344	7.31234E-08	7.1565E-09
26	1300	1163.9012	0.895309	0.000249	4547	5.46947E-08	1.84287E-08
27	1400	1733.0665	1.237905	0.000344	5125	6.70951E-08	1.24004E-08
28	1500	1152	0.768	0.000213	5422	3.93459E-08	2.77492E-08
29	1600	1334.4825	0.834052	0.000232	6125	3.78255E-08	1.52041E-09
30	1700	1154.1726	0.678925	0.000189	6250	3.01744E-08	7.65102E-09
31	1800	1072.8809	0.596045	0.000166	4718	3.50928E-08	4.9184E-09
32	1900	1253.6014	0.65979	0.000183	5187	3.53335E-08	2.40693E-10
33	2000	1140.8254	0.570413	0.000158	5891	2.68966E-08	8.43692E-09
							$\bar{x}$ = 3.09303E-08

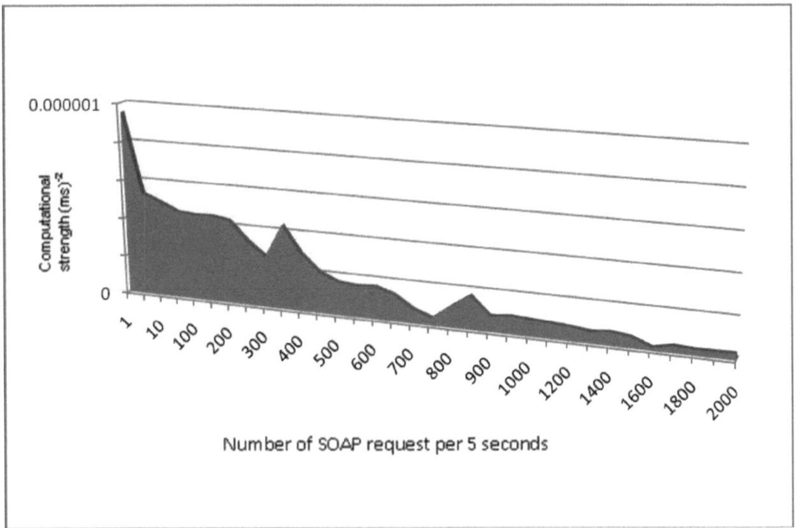

Figura 4.15: Comportamento da escalabilidade da solução de serviços Web baseada na abordagem convencional

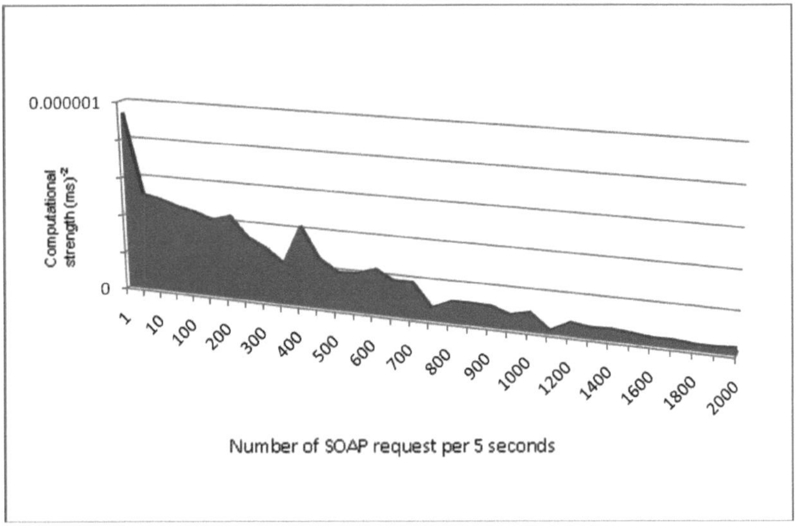

Figura 4.16: Comportamento de escalabilidade da solução de serviços Web com uma réplica baseada na abordagem proposta

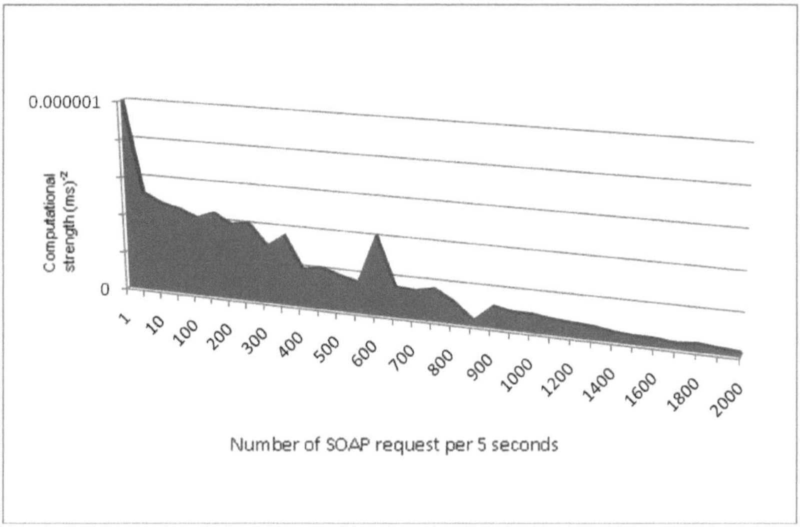

Figura 4.17: Comportamento de escalabilidade da solução de serviços Web com duas réplicas baseada na abordagem proposta

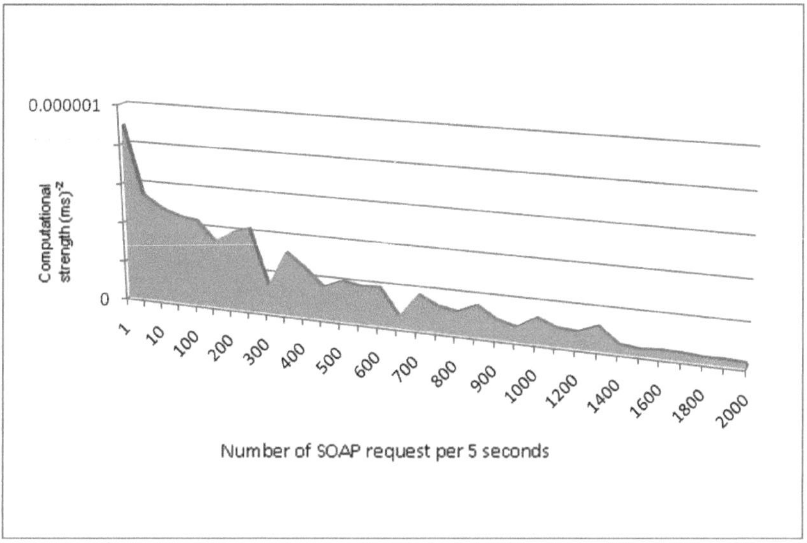

Figura 4.18: Comportamento de escalabilidade da solução de serviços Web com três réplicas baseada na abordagem proposta

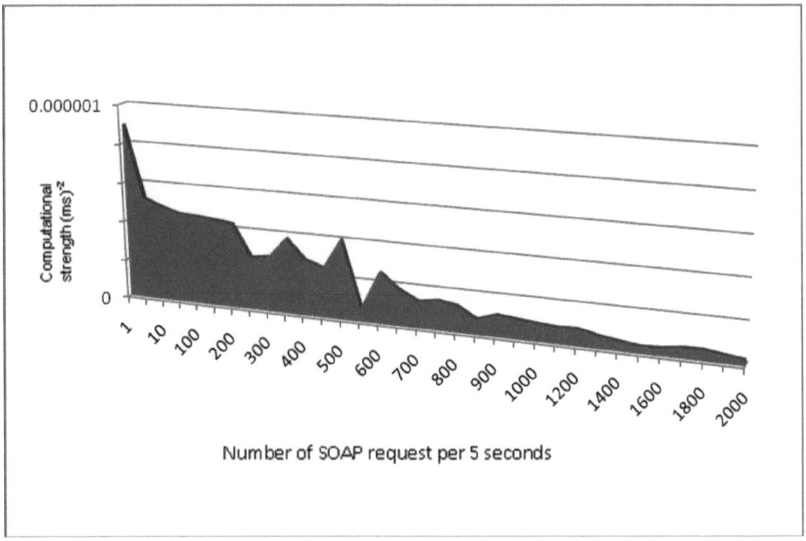

Figura 4.19: Comportamento de escalabilidade da solução de serviços Web com quatro réplicas baseada na abordagem proposta

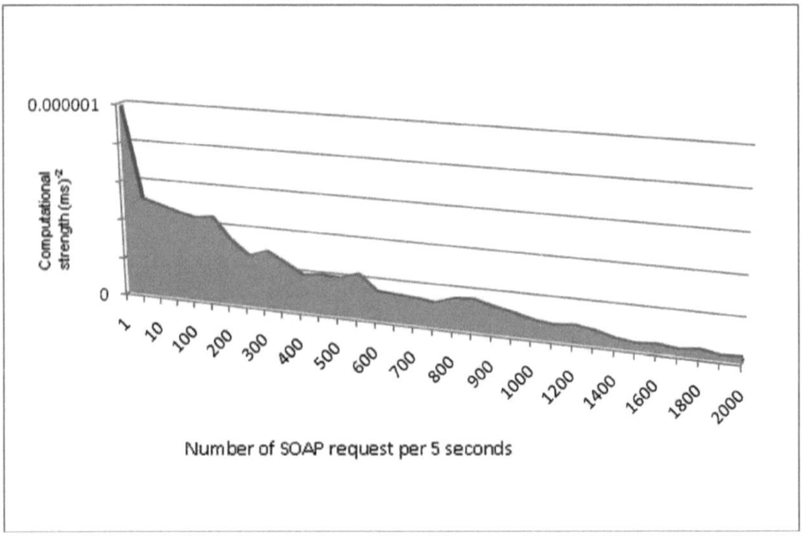

Figura 4.20: Comportamento de escalabilidade da solução de serviços Web com cinco réplicas baseada na abordagem proposta

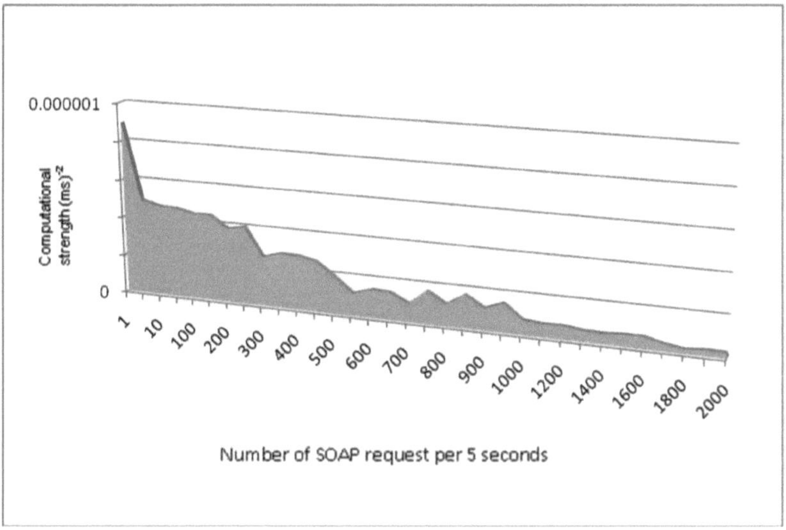

Figura 4.21: Comportamento de escalabilidade da solução de serviços Web com seis réplicas baseada na abordagem proposta

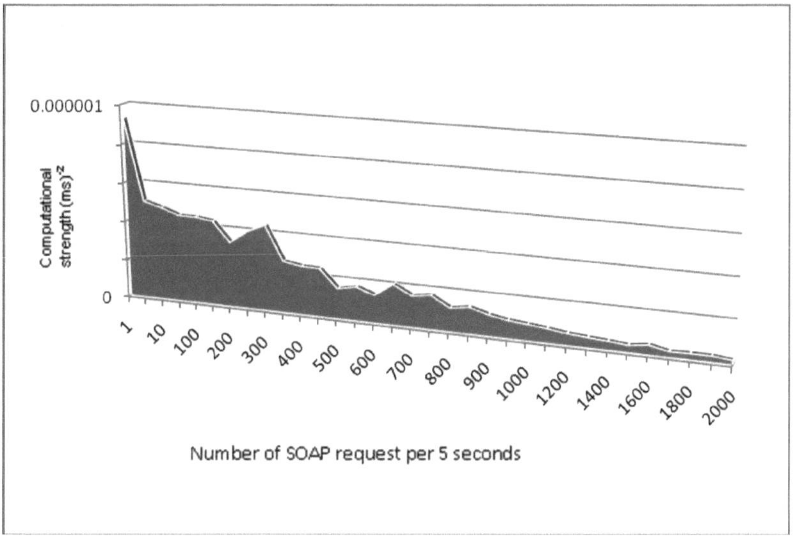

Figura 4.22: Comportamento de escalabilidade da solução de serviços Web com sete réplicas baseada na abordagem proposta

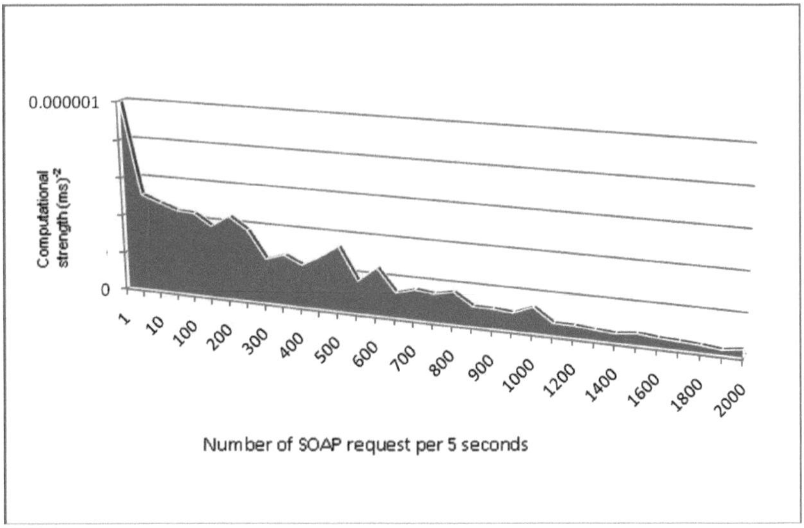

Figura4.23: Comportamento de escalabilidade da solução de serviços Web com oito réplicas baseada na abordagem proposta

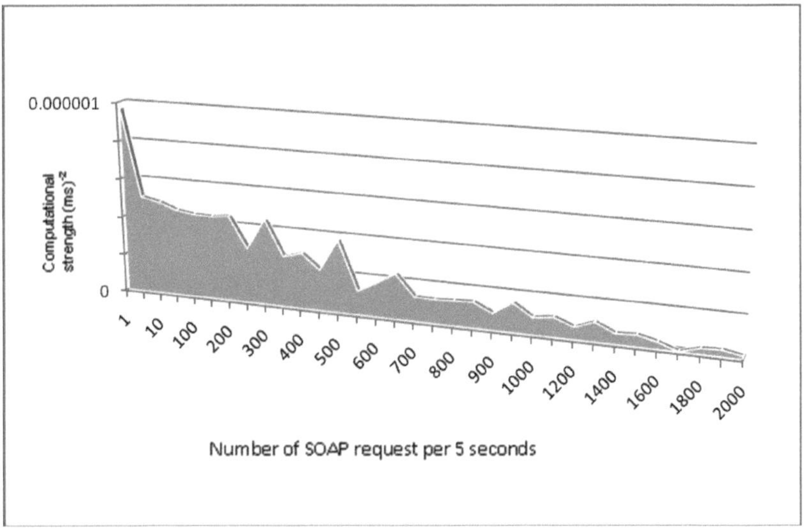

Figura 4.24: Comportamento de escalabilidade da solução de serviços Web com nove réplicas baseada na abordagem proposta

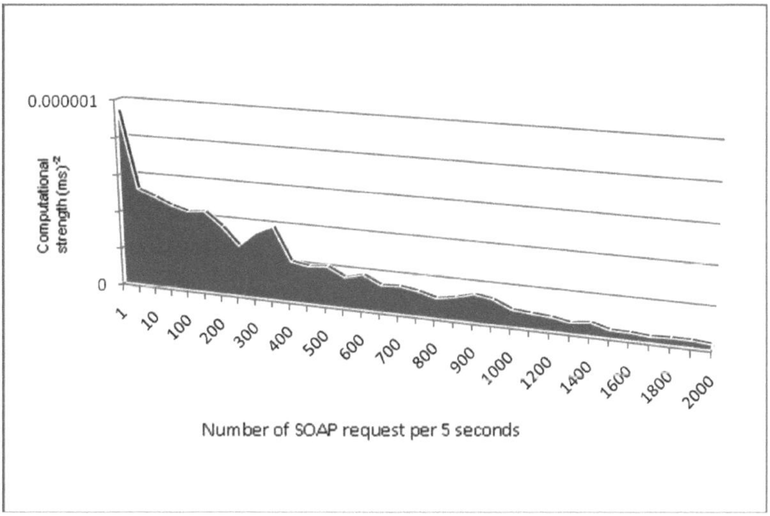

Figura 4.25: Comportamento de escalabilidade da solução de serviços Web com dez réplicas baseada na abordagem proposta

4.6.2. Análise gráfica

De um modo geral, o serviço Web é pouco escalável, mas a ROA pode ajudar a melhorar este defeito. Será que a vantagem de escalabilidade das implementações ROA em relação à implementação convencional resulta das diferentes API utilizadas para as implementar? Uma observação atenta das figuras 4.15 e 4.16 não mostra claramente qualquer vantagem de escalabilidade da figura 4.16 em relação à figura 4.15. Em suma, a Figura 4.16 é mais instável e degrada-se mais acentuadamente do que a Figura 4.15. A sobrecarga adicional introduzida pelo controlador (WSTPRL) é responsável por esta desvantagem exposta na Figura 4.16, especialmente quando o JAX-WS utilizado para construir a solução convencional é construído com base na mesma API - servlets e JMS - utilizada para construir as soluções ROA.

Por conseguinte, a nossa aplicação está mesmo em desvantagem; é a arquitetura ROA que traz a vantagem.

Para facilitar a análise do equivalente gráfico dos dados da investigação, examinámo-los sob os seguintes factores: taxa de degradação (entre amostras), topografia, elevação, pontos de rutura e padrão geral.

❖ **Taxa de degradação:** A taxa de degradação é importante para avaliar a escalabilidade da aplicação. Uma aplicação com uma degradação muito acentuada (íngreme) entre amostras, por definição, é obviamente pouco escalável. Este facto é particularmente evidente nas Figuras 4.18, 4.19 e 4.24, embora essa incidência seja também óbvia nas Figuras 4.15, 4.16, 4.17, 4.22, 4.23 e 4.25. Vemos que as Figuras 4.20 e 4.21 têm uma taxa de degradação mais tolerável e, por conseguinte, são melhores candidatas à escalabilidade do que as outras.

❖ **Topografia:** Isto ajudar-nos-á a avaliar a estabilidade da aplicação dentro de um determinado intervalo de amostras. Uma curva muito ondulada é instável, ao passo que quanto mais suave for a curva, melhor será a estabilidade. Neste caso, a Figura 4.20 destaca-se, sendo a Figura 4.22 tolerável neste aspeto.

❖ **Elevação:** O nosso interesse aqui é a distância da base (eixo x) das várias amostras. A elevação capta a força computacional das soluções numa determinada instância de amostra. Neste momento, tornou-se evidente que o serviço Web é pouco escalável, pois nenhuma das soluções foi capaz de se manter perto da elevação na unidade. Todas mergulharam para quase metade da sua elevação à unidade quando o pedido foi aumentado (ou seja, de um pedido por segundo) para cinco pedidos por segundo. A implicação deste comportamento geral é que a ROA não é uma solução milagrosa para o flagelo da escalabilidade dos serviços Web. No entanto, também é evidente o facto de a elevação em cada instância de amostra das soluções ROA ser geralmente mais elevada e aumentar com o aumento do tamanho da réplica.

❖ **Pontos de interrupção:** Os pontos de rutura são pontos em que uma aplicação está quase a parar. Na vida real, o sistema pára nestes pontos. Isto é particularmente visível nas Figuras 4.15 a 4.19 e depois na Figura 4.24 no final (ponto 1700). A implicação é que a paragem do sistema é muito provável com as soluções convencionais, bem como com as soluções do ROA com menos de cinco ou mais de oito réplicas.

❖ **Padrão geral:** Observámos que, em geral, o comportamento da escalabilidade das soluções ROA melhora com o aumento do número de réplicas, atingindo o seu clímax com um tamanho de réplica de cinco, como se mostra na Figura 4.20, e que, a partir daí, se inverteu a tendência para a baixa, embora lentamente. Isto é aceitável, tendo em conta o facto teórico de que o controlador (WSTPRL) será definitivamente um estrangulamento com o aumento do número de réplicas. Vemos que, com a nossa estrutura de conceção, o WSTPRL não consegue lidar confortavelmente com mais de seis réplicas. Não esperamos que este tamanho ótimo de réplica seja uma constante, uma vez que a taxa de tráfego que enfraquece o controlador é uma função dos tráfegos de pedido e de resposta. O tráfego de resposta não é apenas uma função do tráfego de pedidos e do número de réplicas, mas também uma função da dimensão computacional da solução. Uma solução pesada gerará uma taxa de tráfego de resposta mais ligeira do que uma solução menos pesada. Isto deve-se ao aumento das actividades e das despesas gerais associadas às soluções mais pesadas, o que atrasará definitivamente o tempo de resposta, reduzindo assim a atividade e, consequentemente, o tráfego global do sistema no controlador.

4.6.3. Interpretação do resultado gráfico

A análise gráfica mostra que as soluções de serviços Web realizadas com a arquitetura ROA podem ser, mas nem sempre, mais escaláveis do que as realizadas com a abordagem convencional. Revela que o desempenho de escalabilidade das soluções ROA depende do tamanho da réplica e sugere um tamanho de réplica entre cinco e sete, inclusive, para que as soluções ROA obtenham um melhor desempenho de escalabilidade do que as soluções realizadas utilizando a abordagem convencional. A análise gráfica também confirmou o facto de a solução de serviços Web ser pouco escalável. A análise também indica que a WSTPRL é responsável pela degradação do desempenho computacional e de escalabilidade das soluções ROA com o aumento do número de réplicas; sugerindo um possível ponto de melhoria da ROA para uma melhor escalabilidade e desempenho computacional.

No entanto, não é claro, em particular nos casos em que se percebe uma melhoria dos desempenhos de escalabilidade, se essa melhoria é significativa; se for, em que medida e em que medida se deve confiar nela? Esta questão deve ser respondida em termos concretos. Por isso, também submetemos os dados a uma análise e interpretação estatística.

4.6.4. Análise e interpretação estatística

Note-se que os dois conjuntos de soluções de serviços Web são construídos na mesma plataforma, utilizando a mesma tecnologia, exceto que as soluções da ROA foram construídas numa arquitetura de desenvolvimento única - ROA. É igualmente importante notar que o teste de carga de desempenho e o gerador de pedidos foram geridos pelo mesmo pacote - Apache JMeter, e configurados da mesma forma.

As amostras x e y são a degradação do desempenho a taxas de pedido variáveis, mas crescentes, para as soluções convencional e ROA, respetivamente. Sejam x e y normalmente distribuídos com médias μ_x e μ_y e variâncias σ_x e σ_y , respetivamente. O problema é decidir se a utilização de ROA melhora ou não a escalabilidade da solução de serviços Web. Consequentemente, testámos a hipótese $H_0 : \mu_x = \mu_y$ (não há significância de escalabilidade entre os sistemas convencional e ROA), $H_1 : \mu_x > \mu_y$ (sistema convencional significativamente escalável) e $H_2 : \mu_x < \mu_y$ (sistema ROA significativamente escalável); uma vez que a escalabilidade consiste em minimizar a degradação do desempenho com o aumento dos pedidos.

É seguro assumir $\sigma_x = \sigma_y$, e depois aplicar a fórmula abaixo (Hoel, 1962):

$$t = \frac{(\bar{x}-\bar{y})-(\mu_x-\mu_y)}{\sqrt{n_x s_x^2+n_y s_y^2}} \sqrt{\frac{n_x n_y (n_x+n_y-2)}{n_x+n_y}} \quad \text{.......} (1)$$

Onde, t é a distribuição t de Student para a diferença de duas médias e todos os outros elementos da equação (1) assumem a utilização estatística convencional.

No nosso caso, as dimensões das amostras são iguais e iguais a 31, ou seja, $n_x = n_y = 31$; por conseguinte, a equação (1) pode ser reescrita como

$$t = \frac{(\bar{x}-\bar{y})-(\mu_x-\mu_y)}{\sqrt{n_x s_x^2 + n_y s_y^2}}\sqrt{930}\ldots\ldots(2)$$

Adoptando a hipótese nula H_o, podemos reescrever a equação (2) como (3) abaixo:

$$t = \frac{(\bar{x}-\bar{y})}{\sqrt{n_x s_x^2 + n_y s_y^2}}\sqrt{930}\ldots\ldots(3)$$

mas,

$$ns^2 = \sum_{i=1}^{n}(x - \bar{x})^2\ldots\ldots(4)$$

A Tabela 4.12 mostra o cálculo de ns^2 para cada solução: solução convencional seguida de soluções baseadas em ROA com o seu número de réplicas denotado por R1..R10. Rn significa que o tamanho da réplica é n, enquanto a Tabela 4.13 mostra os pormenores do cálculo de t, para cada solução de serviços Web associada.

A partir da tabela t de Student (Hoel, 1962), o valor crítico de 0,005 de t é 2,576. Observe que nenhum dos valores t calculados é superior a 2,576, o que significa que a hipótese H_1: $\mu_x > \mu_y$ não é válida e, por conseguinte, é rejeitada. Assim, o desempenho de escalabilidade da solução de serviços Web convencional não é significativamente melhor do que a sua solução equivalente baseada em ROA. Isto não significa de forma alguma que o desempenho da escalabilidade da solução de serviços Web construída sobre a arquitetura ROA proposta seja significativamente melhor do que a sua solução convencional equivalente.

Para verificar esta última afirmação, temos de verificar a hipótese H_2 : $\mu_x < \mu_y$ utilizando desta vez a cauda esquerda em vez da cauda direita. A partir da mesma tabela t de Student, o valor crítico de 0,45 de t é 0,126 e apenas as soluções de serviços Web com cinco, seis, sete e dez réplicas têm o seu valor t calculado superior a 0,126, podendo dizer-se que têm um desempenho de escalabilidade significativamente melhor do que a sua solução de serviços Web convencional equivalente. Ou seja, $H_2 : \mu_x < \mu_y$ é válido nestas instâncias e $H_o : \mu_x = \mu_y$ é válido em todas as outras instâncias. Além disso, observe que o valor t calculado para a solução da réplica de cinco ROA é o mais elevado.

Por conseguinte, afirmamos que o desempenho da escalabilidade da solução de serviços Web baseada em ROA pode ser significativamente melhor do que a sua solução convencional equivalente, dependendo da dimensão da réplica; existe uma dimensão óptima da réplica.

Também é importante calcular o limite de confiança para $\mu_x - \mu_y$ para os casos em que as soluções ROA apresentam um desempenho de escalabilidade significativamente melhor do que o seu equivalente convencional. Aqui, a equação (2) é útil e, no nosso caso, os limites de confiança de 90 por cento são dados por:

$$|t| < 0.126 \qquad (5)$$

Substituindo (2) em (5), reduz-se (5) a:

$$\alpha < \mu_x - \mu_y < \beta \qquad (6)$$

Em que a e p são os limites inferior e superior, respetivamente, e são dados por:

$$\alpha = (\bar{x} - \bar{y}) - 0.126\left(\frac{\sqrt{n_x s_x^2 + n_y s_y^2}}{\sqrt{930}}\right) \qquad (7)$$

$$\beta = (\bar{x} - \bar{y}) + 0.126\left(\frac{\sqrt{n_x s_x^2 + n_y s_y^2}}{\sqrt{930}}\right) \qquad (8)$$

As Tabelas 4.13 mostram também estes valores calculados para as soluções ROA.

Consequentemente, só podemos garantir uma unidade de aumento, ou seja, um por cento no desempenho da escalabilidade se a ROA for utilizada para criar uma solução de serviços Web. Estes resultados mostram que a ROA pode melhorar a escalabilidade da solução de serviços Web em 31,73% com 90% de confiança.

Também queríamos saber o impacto da replicação no desempenho da escalabilidade das soluções ROA. Assim, deixámos que a solução ROA com apenas uma réplica (ou seja, replicação nula) fosse a solução de base e modificámos as equações (3) e (6) para as equações (9) e (10), respetivamente:

$$t = \frac{(\overline{y_1} - \overline{y_i})}{\sqrt{n_{y1} s_{y1}^2 + n_{yi} s_{yi}^2}} \sqrt{930}, \text{ i} = 2(1)10 \ldots\ldots (9)$$

$$\alpha < \mu_{y1} - \mu_{yi} < \beta, \quad \text{i} = 2(1)10 \ldots\ldots (10)$$

Em que α e β são os limites inferior e superior, respetivamente, e são dados por

$$\alpha = (\overline{y_1} - \overline{y_i}) - 0.126\left(\frac{\sqrt{n_{y1} s_x^2 + n_{yi} s_{yi}^2}}{\sqrt{930}}\right), \text{ i} = 2(1)10 \ldots\ldots (11)$$

$$\beta = (\overline{y_1} - \overline{y_i}) + 0.126\left(\frac{\sqrt{n_{y1} s_x^2 + n_{yi} s_{yi}^2}}{\sqrt{930}}\right), \text{i} = 2(1)10 \ldots\ldots (12)$$

Cálculos semelhantes aos efectuados para as equações (3) e (6) foram também efectuados para as equações (9) e (10), como mostra a Tabela 4.14.

Tabela 4.12: Tabela que mostra o cálculo do ns^2 para cada solução de serviços Web

$(x_i - \overline{x})^2$	Conventional	ROA, R1	ROA, R2	ROA, R3	ROA, R4	ROA, R5	ROA, R6	ROA, R7	ROA, R8	ROA, R9	ROA, R10
1	2.70382E-18	4.50908E-16	8.48304E-18	6.16004E-17	1.75257E-16	5.17614E-19	7.50801E-17	4.0671E-17	2.30066E-17	1.31333E-15	5.33613E-18
2	1.95691E-18	1.55486E-16	7.03474E-16	4.77432E-16	6.13274E-16	1.64318E-18	7.9174E-16	9.87381E-19	8.22869E-17	5.72616E-16	8.50209E-17
3	9.83713E-16	4.75714E-16	1.28975E-16	1.62706E-15	2.1282E-15	3.47052E-17	1.4749E-16	8.88766E-16	1.3063E-15	1.89399E-15	4.15089E-17
4	1.32646E-15	7.51067E-17	1.71521E-16	1.81762E-15	1.73571E-15	1.92886E-16	8.91188E-16	3.73927E-16	3.28485E-16	2.92847E-15	5.17873E-16
5	5.07151E-16	1.2953E-16	6.48095E-18	4.35426E-19	1.4476E-15	7.04497E-15	9.33827E-16	5.11855E-15	3.68962E-16	2.1427E-15	1.66595E-15
6	3.3246E-15	4.26655E-15	1.12557E-15	5.34282E-16	1.25515E-14	2.31655E-15	1.89161E-16	1.2137E-15	4.60288E-16	1.09912E-14	4.10001E-15
7	1.18302E-15	3.43859E-17	3.66286E-15	5.34018E-14	1.34152E-15	7.16306E-17	1.30288E-14	1.13255E-16	1.03462E-14	1.0789E-14	2.4146E-15
8	1.80772E-14	7.77974E-16	2.72383E-16	1.64714E-14	2.69154E-15	5.42145E-16	2.79822E-17	2.07887E-14	9.30551E-17	1.57757E-14	1.35279E-16
9	9.63367E-15	2.68658E-14	1.45075E-14	2.98355E-16	2.44552E-15	8.63776E-16	8.275E-16	2.27131E-16	2.91654E-18	8.22511E-16	2.11703E-14
10	2.3303E-15	1.50234E-14	9.46519E-16	9.54966E-16	2.97778E-16	2.5213E-16	1.63219E-16	8.40597E-16	1.24421E-16	4.5125E-16	2.30143E-16
11	3.62329E-18	3.13445E-16	2.30835E-16	1.993E-16	1.13047E-14	3.96908E-16	1.2453E-15	3.79045E-15	5.46442E-16	1.13465E-14	4.44974E-16
12	9.91574E-16	1.30843E-15	6.21018E-16	1.33177E-15	8.34834E-14	2.95115E-17	1.97553E-15	1.46363E-16	1.65E-14	3.77648E-14	2.32564E-16
13	1.14603E-15	6.8747E-17	4.17967E-14	2.4387E-15	2.02717E-14	3.17388E-15	4.56573E-18	5.05259E-18	1.47594E-15	2.17572E-17	5.05615E-17
14	1.13488E-16	7.83731E-17	4.37495E-14	6.19827E-15	7.50809E-16	3.90113E-16	7.97517E-16	1.23907E-15	5.97588E-15	1.98894E-18	2.18532E-16
15	5.2438E-16	1.57349E-15	1.78992E-15	4.02483E-15	7.18378E-19	3.69161E-16	2.37149E-16	3.15536E-16	2.01639E-16	2.72206E-15	6.14651E-16
16	7.19234E-18	6.21115E-15	8.19218E-16	4.48865E-17	1.22004E-15	1.95438E-16	1.8894E-15	2.88516E-16	9.32264E-16	2.94495E-15	2.36251E-16
17	1.09885E-15	1.53344E-19	5.34209E-17	1.34506E-15	1.27611E-15	3.89898E-17	6.07235E-16	5.2165E-16	4.40213E-16	2.7173E-15	1.83848E-17
18	5.54796E-16	1.65152E-15	1.32817E-15	1.24629E-16	3.27978E-17	3.73924E-16	6.62812E-16	2.6893E-16	4.86778E-16	2.80391E-15	2.11502E-16
19	2.84792E-15	1.55749E-15	1.25087E-15	3.61661E-17	3.61927E-16	7.23193E-20	6.13273E-16	1.40528E-17	1.65867E-15	9.22364E-17	2.20161E-17
20	8.5806E-16	6.27949E-17	8.72007E-16	8.35796E-16	1.59414E-15	3.56517E-17	2.85859E-17	2.12796E-16	1.08359E-15	7.61945E-17	2.67134E-16
21	1.03529E-15	3.65677E-16	2.26149E-15	8.68865E-18	1.71866E-15	1.30659E-19	1.89077E-15	5.06725E-16	2.6963E-18	4.53921E-17	1.44529E-16
22	1.0691E-15	1.39269E-15	1.02132E-15	2.37975E-16	1.77463E-15	1.76673E-16	5.4595E-16	4.28902E-16	7.86939E-16	1.89866E-15	4.9404E-16
23	1.04763E-15	8.28422E-17	1.57994E-15	2.16831E-15	2.13543E-15	2.67736E-16	9.44E-16	3.41351E-16	1.56977E-15	3.62704E-16	5.65194E-16
24	7.33156E-16	7.07012E-16	1.7263E-15	2.32634E-16	6.7038E-16	1.10525E-16	3.24896E-16	4.88707E-16	9.82642E-16	4.16809E-16	1.56291E-16
25	9.2678E-16	1.36362E-15	9.95379E-16	5.42193E-16	1.31535E-15	1.47142E-18	8.76313E-16	6.25674E-16	1.12485E-15	1.34133E-16	3.43358E-16
26	7.22059E-16	1.01338E-15	1.64201E-15	1.73558E-15	1.36404E-15	1.84004E-16	6.72246E-16	4.56251E-16	7.96471E-16	2.5557E-15	1.01193E-17
27	1.46668E-20	9.0869E-16	2.21098E-15	2.16444E-15	2.22115E-15	3.36214E-16	9.52329E-16	3.11762E-16	9.41488E-16	1.10253E-15	8.64942E-16
28	3.91629E-16	1.53343E-15	1.37443E-15	2.6137E-15	1.36745E-15	1.7909E-16	5.56231E-17	1.13606E-16	1.27268E-15	4.44566E-16	5.41925E-16
29	1.12492E-15	9.26027E-16	1.49872E-15	2.09597E-15	2.31549E-15	2.07022E-16	3.08072E-16	8.37781E-16	1.20532E-15	7.94245E-16	6.76619E-16
30	1.46184E-15	1.60949E-15	1.49774E-15	2.75093E-15	1.33341E-15	7.49819E-17	5.70761E-16	9.17884E-16	9.22431E-16	2.71982E-15	9.41852E-16
31	1.31105E-15	1.27345E-15	1.56648E-15	2.33452E-15	1.46864E-15	4.60896E-16	9.07086E-16	4.27496E-16	6.86316E-16	1.54235E-15	5.05952E-16
ns^2	5.53401E-14	7.22567E-14	1.3142E-13	1.09109E-13	1.63409E-13	1.83233E-14	3.31854E-14	4.18648E-14	5.27289E-14	1.20189E-13	3.79274E-14

Tabela 4.13: Tabela que mostra o valor t calculado e os limites de confiança para as soluções convencionais e ROA

Computed values	R1	R2	R3	R4	R5	R6	R7	R8	R9	R10
$\overline{x} - \overline{y}$	-2.16164E-09	-8.5929E-09	-1.43688E-08	-1.11819E-08	1.35688E-08	7.23414E-09	8.36376E-09	-1.78569E-09	-1.76443E-08	8.29501E-09
$n_x s_x^2 + n_y s_y^2$	1.27597E-13	1.8676E-13	1.64449E-13	2.18749E-13	7.36635E-14	8.85255E-14	9.7205E-14	1.08069E-13	1.7553E-13	9.32675E-14
$\sqrt{n_x s_x^2 + n_y s_y^2}$	3.57207E-07	4.32158E-07	4.05524E-07	4.67706E-07	2.7141E-07	2.97532E-07	3.11777E-07	3.28739E-07	4.18963E-07	3.05397E-07
$(\overline{x} - \overline{y})/\sqrt{n_x s_x^2 + n_y s_y^2}$	-0.006051492	-0.019883704	-0.035432587	-0.023908024	0.049993858	0.02431377	0.026826084	-0.005431949	-0.042114219	0.027161365
t	**-0.184545704**	**-0.606371487**	**-1.080548674**	**-0.729096752**	**1.524607762**	**0.741470345**	**0.818085603**	**-0.165652174**	**-1.284311071**	**0.828310308**
$\left(\frac{\sqrt{n_x s_x^2 + n_y s_y^2}}{\sqrt{930}}\right)$	1.17133E-08	1.4171E-08	1.32976E-08	1.53367E-08	8.89989E-09	9.75647E-09	1.02236E-08	1.07798E-08	1.37383E-08	1.00144E-08
$0.126\left(\frac{\sqrt{n_x s_x^2 + n_y s_y^2}}{\sqrt{930}}\right)$	1.47587E-09	1.78555E-09	1.6755E-09	1.93242E-09	1.12139E-09	1.22932E-09	1.28817E-09	1.35825E-09	1.73103E-09	1.26181E-09
α	-3.63751E-09	-1.03784E-08	-1.60443E-08	-1.31143E-08	1.24475E-08	6.00482E-09	7.07559E-09	-3.14394E-09	-1.93753E-08	7.0332E-09
β	-6.85762E-10	-6.80735E-09	-1.26932E-08	-9.2495E-09	1.46902E-08	8.46345E-09	9.65193E-09	-4.27441E-10	-1.59133E-08	9.55682E-09
$(\alpha/\overline{x})$ per cent	-9.273369391	-26.45854525	-40.90280964	-33.43338158	31.73322018	15.30853113	18.03832303	-8.015083425	-49.39491067	17.93024895

Tabela 4.14: Tabela que mostra o valor t calculado e os limites de confiança para a solução de ROA de replicação nula em comparação com outras soluções de ROA

Computed values	R2	R3	R4	R5	R6	R7	R8	R9	R10
$\overline{y_1} - \overline{y}_i$	-6.43126E-09	-1.22071E-08	-9.02029E-09	1.57305E-08	9.39577E-09	1.05254E-08	3.75944E-10	-1.54826E-08	1.04566E-08
$n_{y1} s_{y1}^2 + n_{yi} s_{yi}^2$	2.03677E-13	1.81366E-13	2.35665E-13	9.058E-14	1.05442E-13	1.14122E-13	1.24986E-13	1.92446E-13	1.10184E-13
$\sqrt{n_{y1} s_{y1}^2 + n_{yi} s_{yi}^2}$	4.51306E-07	4.25871E-07	4.85454E-07	3.00965E-07	3.24718E-07	3.37819E-07	3.53533E-07	4.38687E-07	3.3194E-07
$(\overline{y_1} - \overline{y}_i)/\sqrt{n_{y1} s_{y1}^2 + n_{yi} s_{yi}^2}$	-0.014250345	-0.028663894	-0.01858115	0.052266768	0.028935126	0.031156925	0.001063391	-0.035293159	0.031501619
t	**-0.434577117**	**-0.874131271**	**-0.56664893**	**1.593922195**	**0.882402737**	**0.950158512**	**0.032429062**	**-1.076296682**	**0.96067027**
$\left(\frac{\sqrt{n_{y1} s_{y1}^2 + n_{yi} s_{yi}^2}}{\sqrt{930}}\right)$	1.47989E-08	1.39649E-08	1.59187E-08	9.86904E-09	1.06479E-08	1.10775E-08	1.15928E-08	1.43851E-08	1.08847E-08
$0.126\left(\frac{\sqrt{n_{y1} s_{y1}^2 + n_{yi} s_{yi}^2}}{\sqrt{930}}\right)$	1.86466E-09	1.75957E-09	2.00575E-09	1.2435E-09	1.34164E-09	1.39577E-09	1.46069E-09	1.81252E-09	1.37148E-09
α	-8.29593E-09	-1.39667E-08	-1.1026E-08	1.4487E-08	8.05413E-09	9.12963E-09	-1.08475E-09	-1.72952E-08	9.08517E-09
β	-4.5666E-09	-1.04475E-08	-7.01454E-09	1.6974E-08	1.07374E-08	1.19212E-08	1.83664E-09	-1.36701E-08	1.18281E-08
$(\alpha/\overline{y_1})$ per cent	-20.0447876	-33.74660175	-26.64135152	35.00373489	19.46055463	22.05919459	-2.620994733	-41.78894312	21.95176472

Este resultado estatístico estabelece ainda o facto de existir uma dimensão óptima de réplica para o desempenho máximo de escalabilidade da solução ROA, ou seja, a relação entre a dimensão da réplica da solução ROA e o desempenho de escalabilidade não é linear. Também se confirma o facto de que a vantagem de escalabilidade das soluções ROA em relação à solução convencional é provocada pela replicação e não por qualquer ferramenta de implementação ou API.

Por último, note-se que estes resultados estatísticos estão em consonância com os resultados gráficos. Este facto valida ainda mais o instrumento estatístico utilizado.

CAPÍTULO 5

CONCLUSÃO E RECOMENDAÇÕES

5.1. Conclusão

O problema da integração e da interoperabilidade de sistemas heterogéneos não só constitui uma ameaça à globalização, como também corrói o valor que obtemos das TI, à medida que os investimentos em TI aumentam. O serviço Web, embora seja atualmente a tecnologia mais promissora para a integração e interoperabilidade de sistemas, é intrinsecamente pouco escalável. A sua promessa pode atrair uma implantação sem precedentes, o que fará com que os sistemas dependentes da tecnologia não sejam fiáveis ou até mesmo falhem, resultando em perdas sem precedentes na história da tecnologia da informação e da comunicação.

Consequentemente, esforçámo-nos por aumentar a escalabilidade do serviço Web, identificando primeiro uma chave para atenuar a sua fraca escalabilidade. A replicação e, em particular, o mecanismo de replicação de terceiros (Baldoni et al., 2002) foi identificada como uma dessas chaves; e com ela pudemos realizar uma estrutura arquitetónica - a Arquitetura Orientada para a Replicação (ROA), cuja viabilidade estabelecemos utilizando a tecnologia Java, desenvolvendo uma solução informática em serviços Web que executa a Caixa Automática (ATM).

O sistema ATM requer menos capacidade computacional, é conversacional e de grande atividade e, por conseguinte, pode fazer com que as soluções ROA funcionem no seu pior estado. Além disso, com a proliferação de dispositivos portáteis, a emergência de sistemas omnipresentes e a evolução para uma sociedade sem dinheiro, o sistema ATM reflecte dois domínios importantes - o das transacções financeiras (quer se trate de comércio ou de governação) e o dos sistemas omnipresentes - que estarão totalmente dependentes da tecnologia dos serviços Web.

A análise gráfica e estatística dos dados resultantes da submissão da solução de serviços Web construída com base no ROA proposto a um teste de desempenho de carga utilizando o Apache JMeter (uma ferramenta de teste de desempenho de carga) em relação à sua solução convencional equivalente mostrou que o ROA melhora efetivamente a escalabilidade da solução de serviços Web; a análise estatística coloca especificamente o aumento ótimo da escalabilidade em cerca de 32% com 90% de garantia.

Com este desenvolvimento, há uma esperança renovada de que o serviço Web sobreviva à implantação sem precedentes que as suas promessas atrairão, particularmente quando as recomendações abaixo mencionadas forem absorvidas.

5.2. Recomendações

Os implementadores do ROA devem ter em conta que o tamanho ótimo da réplica varia de uma solução para outra e, por conseguinte, terão de obter a réplica óptima para a sua solução através de um simples teste de carga da solução antes da implementação e da análise dos dados resultantes utilizando os instrumentos descritos nesta tese.

Existem oportunidades para melhorar ainda mais a escalabilidade da solução de serviços Web:

- Reforço da capacidade de tratamento do tráfego da WSTPRL.
- Suporte para replicação dinâmica de serviços.
- A possibilidade de utilizar o conceito de multicast de grupo, comunicação e adesão para fazer com que o serviço Web suporte a replicação. Embora se trate de uma abordagem de middleware, esta abordagem pode produzir uma solução de serviços Web mais escalável.

Outros domínios desta investigação que exigem esforços adicionais incluem:

- Determinação da tolerância à degradação do utilizador (cliente) para vários domínios de serviços.
- Implementar esta nova arquitetura de serviços Web em situações reais.

Por último, sendo a escalabilidade um atributo de fiabilidade, é necessário um esforço persistente para a melhorar (Birman, 2005b). Por conseguinte, a nossa caminhada em direção a uma solução escalável de serviços Web, embora significativamente frutuosa e logicamente completa, continuará definitivamente.

REFERÊNCIAS

Abraham, S., Thomas, M. e Thomas, J. (2005), "Enhancing Web Services Availability", Actas da Conferência Internacional do IEEE sobre Engenharia de Negócios Electrónicos, IEEE Computer, pp352-355.

Agile Alliance (2001), "Manifesto for Agile Software Development", disponível em linha no URL: http:// www.agilemanifesto.org.

Alsberg, P. e Day, J.(1976), "A Principle for Resilient Sharing of Distributed Resources", Actas da 2nd Conferência Internacional sobre Engenharia de Software (ICSE), pp627-644.

Alur, D., Crupi, J. e Malks, D. (2003), "Core J2EE Patterns: Best Practices and Design Strategies", 2nd Edition, USA:Sun Microsystems, 650pp.

Aoyama, M.(1998), "Agile Software Process and its Experience", Actas da 20ª Conferência Internacional sobre Engenharia de Software (ICSE), IEEE Computer, pp3-12.

Arsanjani, A.(2004), "Service-Oriented Modelling and Architecture", disponível em linha no URL: http://www.ibm.com/developerworks/library/ws-soa-design1/

Azevedo, V., Pires, P. F. e Mattoso, M. (2003), "WebTransact-EM: Um Modelo para Execução Dinâmica de Serviços Web Semanticamente Equivalentes", Simpósio Brasileiro de Sistemas Multimédia e Web, Salvador, Brasil, 9pp.

Baker, S. (1997), "CORBA Distributed Objects: using orbix", Reino Unido: Addison-Wesley, 518pp.

Baker, S., Cahill, V. e Nixon, P. (1997), "Bridging Boundaries: CORBA in Perspective", IEEE Internet Computing, Set.-Out., pp52-57.

Baldoni, R., Marchetti, C. e Termini, A. (2002), "Active Software Replication through a Three-tier Approach", Actas do 21st IEEE Symposium on Reliable Distributed Systems (SRDS), IEEE Computer, 10pp.

Berners-Lee, T., Gettys, J. e Nielsen, H.F.(1996), "Replication and Caching Position Statement", disponível em linha em http://www.w3.org/Propagation/Activity.html

Bichler, M. e Lin, K.(2006), "Service-Oriented Computing", IEEE Computer, 39(3), 99-101.

Birman, K. (2005a), "Can Web Services Scale Up?", Computer, IEEE Computer, 38(10), 107-110.

Birman, K. (2006), "The Untrustworthy Web Services Revolution", IEEE Computer, 39(2), 98-100.

Birman, K. P.(1993), "The process group approach to reliable distributed computing", Communications of the ACM, 36(12), 36-53.

Birman, K. P.(1999), "A Review of Experiences with Reliable Multicast", Software Practice and Experience, 29(9), 741-774.

Birman, K. P. (2004), "Like It or Not, Web Services are Distributed Objects", Communications of the ACM, 47(12), 60-61.

Birman, K. P. (2005b), "Reliable Distributed Systems: Technology, Web Services, and Applications", EUA: Springer-Media, 668pp.

Birman, K.P., van Renesse, R. e Vogels, W.(2001), "Spinglass: Secure and Scalable Communication Tools for Mission-Critical Computing", Proc. da DARPA Information Survivability Conf. and Exposition, IEEE Computer, 15pp.

Birman, K., van Renesse, R. e Vogels, W.(2004), "Adding High Availability and Autonomic Behaviour to Web Services", Proceedings of 26th International Conference on Software Engineering (ICSE), IEEE, 10pp.

Birman, K. P., Schiper, A. e Stephenson, P.(1991), "Lightweight Causal and Atomic Group Communication", ACM Transactions on Computing Systems, 9(3), 272-314.

Boehm, B.(2002), "Get Ready for Agile Methods, with care", IEEE Computer, 35(1), 64-69.

Bussler, C.(2007), "The Fractal Nature of Web Services", IEEE Computer, 40(3), 93-95.

Chandy, J. e Maxemchuk, N. (1984), "Reliable Broadcast Protocol", ACM Transactions on Computing Systems, 2(3), 251-275.

Chavda, K. F.(2003), "Anatomy of a Web Service," Journal of Computing Sciences in Colleges (CSC), Consortium for CSC, 19(3), 124-134.

Chung, J., Lin, K. e Mathieu, R. G. (2003), "Web Services Computing: Advancing Software Interoperability", IEEE Computer, 36(10), 35-37.

Ciganek, A.P., Haines, M.N. e Haseman, W. (2006), "Horizontal and Vertical Factors Influencing the Adoption of Web Services", Proceedings of the 39th International Conference on System Sciences, IEEE, 10pp.

Coulouris, G., Dollimore, J. e Kindberg, T. (2001), "Distributed Systems: Concepts and Design", EUA: Pearson education, 772pp.

Crawford, W. e Farley, J.(2006), "Java Enterprise in a Nutshell", 3rd Edition, EUA: O'Reilly Media, 892pp.

Curbera, F., Khalaf, R., Mukhi, N., Tai, S. e Weerawarana, S.(2003), "The Next Step in Web Services", Communications of the ACM, 46(10), 29-34.

Cusumano, M. e Yoffie, D.(1999), "Software Development on Internet Time", IEEE Computer, 32(10), 60-69.

Deitel, P.J. e Deitel, H.M. (2007), "Java:How to Program", 7th Edition, USA: Pearson Education, 1595pp.

Ekuobase, G.O.(2006), "Software Creative Milestones", Actas da Conferência Internacional sobre Avanços em Engenharia e Tecnologia, Entebbe- Uganda, pp848-855.

Fajuyigbe, O. (1995), "Data Structures and Information Manipulation", Benin City: Deljuy Computer, 108pp.

Farley, J. (1998), "Java Distributed Computing", EUA: O'Reilly, 384pp.

Fischer, M., Lynch, N. e Paterson, M.(1985), "Impossibility of distributed consensus with one faulty process", Journal of the ACM, 32(2), 374-382.

Folk, M. J., Zoellick, B. e Riccardi, G. (1998), "File Structures: An Object- Oriented Approach with C++", EUA: Addison Wesley Longman, 724pp.

Garcia-Molina, H. e Spauster, A.(1991), "Ordered and Reliable Multicast Communication", ACM Transactions on Computing Systems, 9(3), 242-271.

Griss, M. e Pour, G.(2001), "Accelerating Development with Agent Components", IEEE Computer, 34(5), 37-43.

Hansen, M. K. (2007), "SOA Using Java Web Services", EUA: Pearson Education, 574pp.

Herlihy, M.(1986), "A Quorum-Consensus Replication Method for Abstract Data Types", ACM Transactions on Computing Systems, 4(1), 32-53.

Hoel, P.G. (1966), "Introduction to Mathematical Statistics", 3rd Edition, EUA: John Wiley & Sons, 427pp.

Hogg, K., Chilcott, P., Nolan, M. e Srinivasan, B.(2004), "An Evaluation of Web Services in the Design of B2B Application", Proceedings of Conferences in Research and Practice in Information Technology, Australian Computer Society, 26, 331-340.

Horstmann, C.S. e Cornel, G. (2005), "Core Java 2", 7th Edition, EUA: Sun Microsystems, vol.I, 762pp.

Horstmann, C.S. e Cornel, G. (2005), "Core Java 2", 7th Edition, EUA: Sun Microsystems, vol.II, 1002pp.

Jendrock, E., Ball, J., Carson, D., Evans, I., Fordin, S. e Haase, K. (2006), "The Java™ EE 5 Tutorial", 3rd Edition, EUA: Sun Microsystems, 1304pp.

Keidl, M. e Kemper, A. (2004), "A Framework for Context-Aware Adaptable Web Services", Actas da 9th International Conference on Extending Database Technology, Creta, Grécia, pp288-293.

Krummenacher, R., Hepp, M., Poliere, A., Bussler, C. e Fensel, D.(2005), "WWW or What is Wrong with Web Services", Actas da 3rd Conferência Europeia sobre Serviços Web (ECOWS'05), IEEE Computer, 9pp.

Ladin, R., Liskov, B., Shrina, L. e Ghemawat, S.(1992), "Providing Availability Using Lazy Replication", ACM Transactions on Computing Systems, 10(4), 360391.

Lamport, L., Shostak, R. e Pease, M.(1982), "Byzantine Generals Problem", ACM Transactions on Programming languages and Systems, 4(1), 382-401.

van der Linden, P.(2004), "Just Java 2", 6th Edition, EUA: Sun Microsystems, 816pp

Medjahed, B., Benatallah, B., Bouguettaya, A., Ngu, A. H. H. e Elmagarmid, A. K. (2003), "Business-to-business interactions: issues and enabling technologies", The VLDB Journal, Springer-Verlag, 12, 59-85.

Melliar-Smith, P., Moser, L. e Agrawala, V. (1990), "Broadcast Protocols for Distributed Systems", IEEE Transactions on Parallel and Distributed Systems", 1(1), 17-25.

Mendonça, N.C. e Silva, A. F. (2005), "An Empirical Evaluation of Client-side Server Selection Policies for Accessing Replicated Web Services", ACM Symposium on Applied Computing, ACM, pp1704-1708

Microsoft Corporation (1997), "DCOM: A Business Perspective", disponível em linha no URL: http://www.microsoft.com/

Raccoon, L.B.S. (1997), "Fifty Years of Progress in Software Engineering", Software Engineering Notes, ACM SIGSOFT, 22(1), 88-104.

Ramirez, A., Vanpeperstraete, P. Rueckert, A., Odutola, K., Bennett, J., Tolke, L. e van der Wulp, M. (2006), "ArgoUML User Manual: A tutorial and reference description", EUA: Open Content, disponível em linha em http://www.opencontent.org/openpub/, pp 386.

Rumbaugh, J., Jacobson, I. e Booch, G. (1999), "The Unified Modelling Language Reference Manual", EUA: Addison Wesley Longman, 550pp.

Schiper, A. e Raynal, M.(1996), "From Group Communication to Transactions in Distributed

Systems", Communications of the ACM, 39(4), 84-87.

Schiper, A. e Sandoz, A.(1993), "Uniform reliable multicast in a virtually synchronous environment", Proceedings of 13th International Conference on Distributed Computing Systems, IEEE Computer, pp561-568.

Standish, T. A. (1994), "Data Structures, Algorithms, Software Principles", Reading: Addison Wesley, 748pp.

Tolke, L. e Klink, M. (2006), "Cookbook for Developers of ArgoUML: An Introduction to Developing ArgoUML", EUA: Universidade da Califórnia, 157pp.

Vawter, C. e Roman, E. (2001), "J2EE vs. Microsoft.NET: A comparison of building XML-based web services", EUA: Sun Microsystems, 28pp.

Vogels, W. (2003), "Web Services are not Distributed Objects", IEEE Internet Computing, 7(6), 59-66.

Weerawarana, S., Curbera, F., Leymann, F., Storey, T. e Ferguson, D. F. (2005), "Web Services Platform Architecture", EUA: Pearson Education, 416pp.

Williams, J. (2003), "The Web Services Debate: J2EE vs. .NET", Communications of the ACM, 46(6), 59-63.

Xu, W., Offutt, J. e Luo, J. (2005), "Testing Web Services by XML Perturbation", Actas do 16th IEEE International Symposium on Software Reliability Engineering, IEEE Computer, pp257-266.

Zimmermann, O., Krogdahl, P. e Gee, C. (2004), "Elements of Service- Oriented Analysis and Design", disponível em linha no endereço URL:http://www.ibm.com/developerworks/library/ws-soad1/

MIX
Papier aus verantwortungsvollen Quellen
Paper from responsible sources
FSC® C105338

Printed by Books on Demand GmbH, Norderstedt / Germany